Peter Wieg/Johannes Freyer · Chinesische Fluß-Dschunken

Peter Wieg
Johannes Freyer

Chinesische Fluß-Dschunken

Mit Rissen und Zeichnungen von Peter Wieg

VEB Hinstorff Verlag Rostock

ISBN 3-356-00176-0

1. Auflage 1988, Lizenz-Nr. 391/240/31/88
Printed in the German Democratic Republic
Ausstattung: Heinz Holzgräbe
Herstellung: Offizin Andersen Nexö,
Graphischer Großbetrieb, Leipzig III/18/38
Bestell-Nr. 522 905 2

0[redacted]

Inhaltsverzeichnis

Einleitung

Die Fluß-Dschunken Chinas gehören zu den Bootstypen, deren Entwicklung sich über einige Jahrtausende zurückverfolgen läßt. Aus den Fluß-Dschunken entwickelten sich die Küsten- und See-Dschunken. Als Erbauer der ersten chinesischen Wasserfahrzeuge werden Kung Ku, Hua Ti, Fan Yü und einige andere Sagenhelden aus der Zeit um 2700 v. u. Z. genannt. Die über 4000jährige Entwicklung des chinesischen Boots- und Schiffbaus sowie die große Verbundenheit eines Teiles der Bevölkerung zum Wasser sind wohl mit der Grund für die unübersehbare Vielfalt dieses bemerkenswerten Bootstyps. Noch heute gibt es auf den weitverzweigten Flußsystemen Chinas Arbeitsboote, die der Motorisierung widerstanden haben und bei denen eine gewisse Ähnlichkeit mit historischen Darstellungen nicht zu übersehen ist. Wie weit spezielle Typen noch in Gebrauch sind, ist zur Zeit nicht exakt überschaubar. Ein großer Teil der Wasserfahrzeuge aus vergangener Zeit ist aber nur noch als Abbildung oder Modell vorhanden. Nicht zuletzt aus diesem Grunde sollen hier, als Weiterführung der ebenfalls in diesem Verlag erschienenen Publikation »Chinesische See-Dschunken«, einige Bootsformen beschrieben werden, deren Kenntnis der Erhaltung wert erscheint. Die Auswahl, die bei der unübersehbaren Vielfalt nicht einfach ist und keinen Anspruch auf repräsentative Vollständigkeit erhebt, wurde nach eigenem Ermessen vorgenommen. Zur asiatischen Boots- und Schiffbaugeschichte wurde bisher nur wenig publiziert, auch diese Auswahl kann nur ein Teilgebiet erfassen.

Das Anliegen der Zusammenstellung ist es, einige typische Fluß-Dschunken und Boote mit ihren spezifischen Konstruktionsmerkmalen dem interessierten Leser etwas näher zu bringen. Die verwendete Literatur stammt überwiegend aus den zwanziger bis dreißiger und vereinzelt aus den fünfziger sowie siebziger Jahren unseres Jahrhunderts.

Eine Aufstellung chinesischer Maße und Gewichte sowie die Erklärung zur chinesischen Symbolik und Transkription befinden sich im Anhang.

Dank sagen möchten wir an dieser Stelle allen Helfern und Beratern, besonders Herrn Rolf Schwarzer vom Völkerkundemuseum zu Leipzig für die sachkundigen Hinweise zur chinesischen Symbolik und Transkription.

Binnenwasserstraßen Chinas

Die Flußläufe und Seen in China nahmen von alters her als Transportwege einen hervorragenden Platz ein. Man benötigte keine Zugtiere, die Wasserfahrzeuge ließen sich mit menschlicher Muskelkraft oder mit dem Wind vorwärtsbewegen. Es konnten auf einem Boot mehr Menschen und Güter transportiert werden als auf einem Karren oder Wagen an Land. Die Transporte konnten sogar zur Regenzeit, in der die Feldwege unpassierbar waren, erfolgen. Einige Wasserfahrzeuge hatten noch einen nicht unerheblichen Vorteil: sie waren Arbeitsplatz und Wohnung in einem. Abends fuhr der Dschunkenmann an einer seichten Stelle in die Ufernähe, ankerte und brauchte keine Herberge aufzusuchen. Die großen Flußsysteme waren verzweigte Handelsstraßen bis weit ins Landesinnere hinein, die schon frühzeitig in der Nähe von Handelsniederlassungen oder -zentren oft noch durch Kanalverbindungen ergänzt wurden.

Die Flußsysteme Chinas verlaufen hauptsächlich in West-Ost-Richtung. Die Ströme entspringen in den Bergregionen Zentralasiens, bahnen sich ihre Wege durch tiefe Schluchten und durchfließen weite Ebenen, bevor ihre Wasser die Küste erreichen. Im Norden Chinas sind die Flüsse bei einem Jahresniederschlag von 300 bis 400 mm in den Sommermonaten sehr flach und in den strengen Wintermonaten vereist. Wenn das Eis genügend stark ist, nutzt man in dieser Zeit Eisschlitten als Transportmittel. Im Süden sind die Niederschläge häufiger und die Flüsse vereisen im Winter nicht. Diese Gegebenheiten räumen den südlichen Flüssen eine größere Bedeutung ein.

Große Flüsse Chinas

Die gesamte schiffbare Strecke aller Flußsysteme und Kanäle in China wird auf 95 000 km geschätzt. Das entspricht mehr als der doppelten Länge des Äquators. Neuere Angaben sprechen von 108 000 km. Infolge der klimatischen Verhältnisse (Monsun) schwankt der Wasserstand der Flüsse jahreszeitlich sehr stark und führt durch die Zuflüsse im Sommer gewaltige Hochwasser.

Zum zweitgrößten Flußsystem in China zählt der 4845 km lange Huangho (»Gelber Fluß«). Er fließt im Norden des Landes durch stark zur Erosion neigende Lößschichten, die mitgerissen werden und zur Überhöhung des Flußbettes führen. Die verschlammte, flache Mündung in der Bohaibucht nördlich von Shanghai ist für die Schiffahrt nicht sehr geeignet. Die mitgerissenen Schlammassen werden weit ins Meer getragen und gaben neben dem Fluß auch dem Gelben Meer seinen Namen. Sie sind die Ursache dafür, daß der Fluß im Laufe der Jahrhunderte in einem Küstenbereich von 800 km seine Mündung mehrmals wechselte.

Im Süden ist der wasserreiche 2129 km lange Hsichiang (»Westfluß«) für China von Bedeutung, der in einem ausgedehnten Delta ins Südchinesische Meer fließt. Wichtig ist dieser Fluß für die Bewässerung und für die Fischerei. Sein Quellgebiet liegt in der Provinz Yünnan.

Chinas Hauptstrom ist der 6300 km lange Ch'angchiang (»Langer Fluß«). Er ist der längste Fluß in Asien und der drittgrößte der Erde. Seine Transportleistung ist größer als die aller anderen chinesischen Flüsse zusammen.

Er ist die wichtigste Verkehrsader Zentralchinas in Ost-West-Richtung. Bis zur Stadt Wuhan ist der »Lange Fluß« in der Hochwasserzeit sogar für Seeschiffe befahrbar.

Das Flußsystem des Ch'angchiang ist das verkehrsreichste und längste Flußsystem Chinas. Es hat eine jährliche Wasserführung von unvorstellbaren 933 Milliarden m^3. Mit seinen verzweigten West-Ost-Armen entwässert es ein Fünftel der Fläche Chinas. Der Ch'angchiang entspringt im nordtibetanischen Hochland, durchquert in einem tiefeingeschnittenen Tal die bis zu 6000 m hohen Gebirgsketten in Südwestchina, passiert das landwirtschaftlich fruchtbare Rote Becken in der Provinz Szech'uan und durchschneidet eine 800 m hohe Gebirgskette, die das Rote Becken von Mittelchina trennt. Hier liegen die bekannten Schluchten Ch'üt'ang, Wu und Hsiling, deren Wildwasser besondere Anforderungen an die Schiffahrt stellen. In der Provinz Hupei bei Ich'ang verbreitert sich der Fluß und fließt in die mittelchinesische Ebene. Hier befinden sich bedeutende Seen, wasserreiche Zuflüsse und Rückhaltebecken für das Sommerhochwasser. Weiter sich verbreiternd, mündet er in einem weiträumigen Delta bei Shanghai in das Ostchinesische Meer.

Seeschiffe können bis Ich'ang den Fluß befahren. Der Fluß wird in drei Abschnitte unterteilt. Der Unterlauf reicht vom Delta bis zum gezeitenabhängigen Stromgebiet von Wuhan. Der mittlere Abschnitt erstreckt sich von Wuhan bis Ich'ang und der Oberlauf beginnt, flußaufwärts gerechnet, bei Ich'ang. In China richtete sich die Unterteilung nach den regionalen Handelsbeziehungen. Man orientierte sich mehr an den geographisch be-

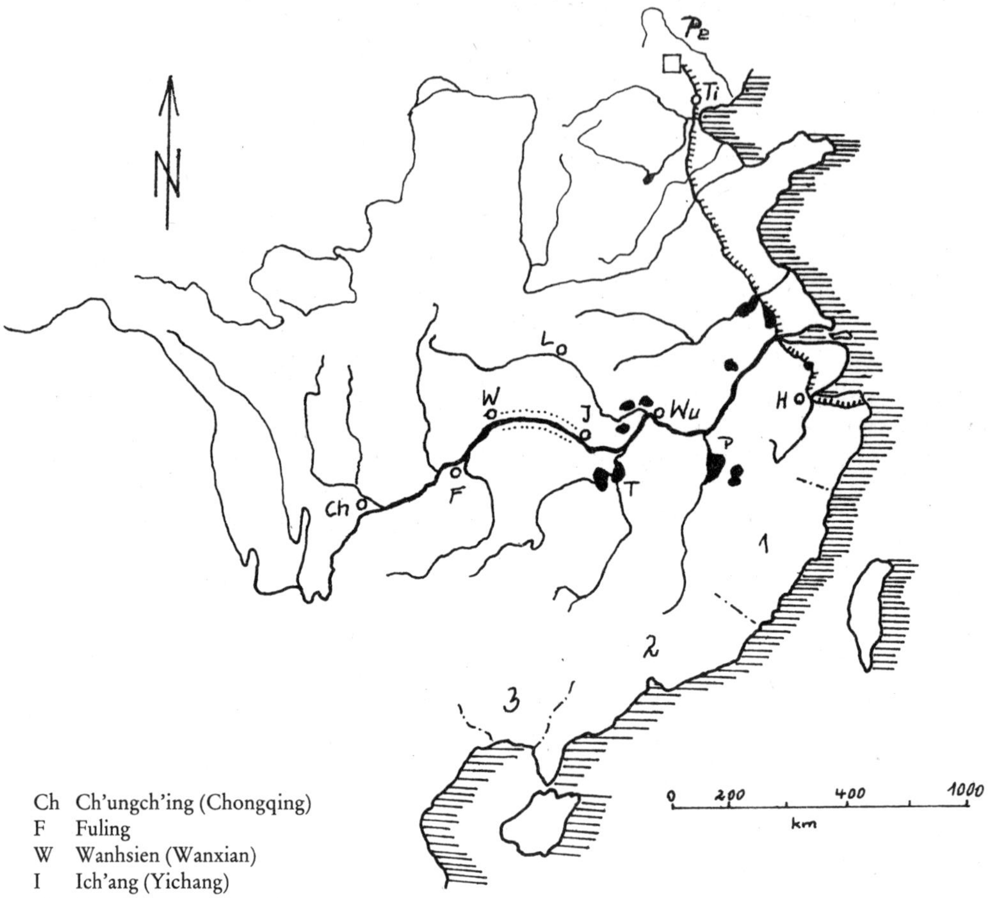

Ch Ch'ungch'ing (Chongqing)
F Fuling
W Wanhsien (Wanxian)
I Ich'ang (Yichang)
T Tung'ting (Dongting)-See
Wu Wuhan
L Laohok'ou (Laohekou)
P P'oyang (Poyang)-See
H Hangchou (Hangzhou)
Ti T'ienchin (Tianjin)
Pe Peking (Beijing)

1 Provinz Fuchien (Fujian)
2 Provinz Kuangtung (Guangdong)
3 Provinz Kuanghsi (Guangxi)
:::: Gebiet der drei Schluchten
ꟷꟷ Großer Kanal

Fig. 1 Der Ch'angchiang (Changjiang) mit der Küste des Ostchinesischen und Südchinesischen Meeres

grenzten Möglichkeiten. Der Chinese paßte sein Fahrzeug in Größe, Widerstandsfähigkeit und nötiger Wendigkeit den örtlichen Gegebenheiten an.

Aus dieser Sicht unterschied man nachstehende Regionen von der Quelle bis zur Mündung:

1. Szech'uan
2. Wanhsien bis Ich'ang
3. Ich'ang bis Wuhan
4. Han-Fluß
5. Tungt'ing-See, Yüan-Fluß
6. P'oyang-See
7. Ost-Hupei
8. das Deltagebiet der Mündung

Kanäle und Wasserbauten

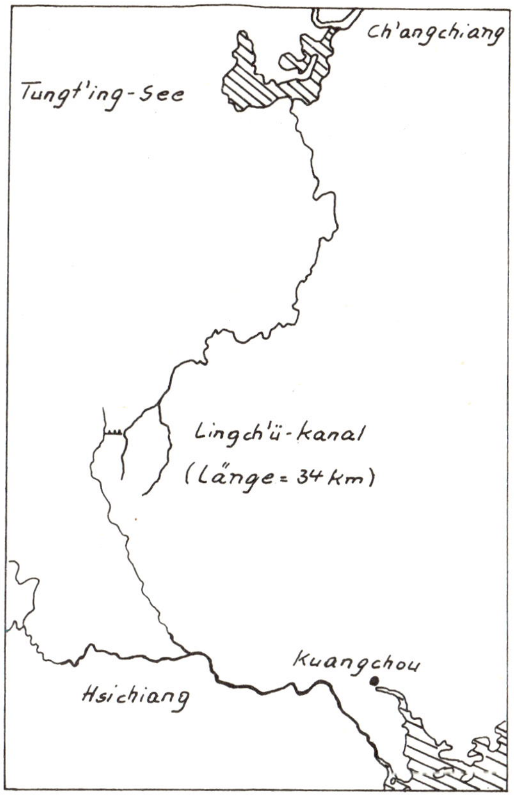

Fig. 2 Der Lingch'ü (Lingqu)-Kanal

Die Kanäle wurden in China in Süd-Nord-Richtung angelegt, so daß zwischen den für den Transport wichtigen Flußsystemen Verbindungen entstanden. Die Fluß-Dschunken brauchten dadurch nicht den langen Weg über die gefahrvolle Küstenregion zur nächsten Flußmündung zu nehmen, sondern konnten über den kürzeren Kanalweg ihr Handelsziel erreichen. Im Laufe der Jahrtausende entstand in China ein umfangreiches und sinnvoll angelegtes Kanalsystem. Insgesamt soll die für den Wassertransport zu nutzende Kanalstrecke etwa 40000 km betragen.

Als technisches Denkmal wurde der Lingch'ü-Kanal nach umfangreichen Ausbesserungsarbeiten 1980 wieder in Betrieb genommen. Er befindet sich bei Kueilin und verbindet das Stromgebiet des Ch'angchiang mit dem des Hsichiang. Der 34 km lange Kanal soll bis Ende der dreißiger Jahre in Betrieb gewesen sein, bevor er dann etwa 50 Jahre lang still lag. Sein Baubeginn geht auf eine kaiserliche Anweisung aus dem Jahre 214 v.u.Z. zurück. Der Kanal gilt als eines der großen technischen Bauwerke des chinesischen Altertums.

Am bekanntesten ist jedoch der Große Kanal, auch Kaiserkanal genannt. Dieses Bauwerk war hauptsächlich zum Transport der Salz- und Getreidetribute errichtet worden, mit denen die Hauptstadt versorgt wurde. Der älteste Abschnitt stammt aus der Zeit um 486 v.u.Z. und wurde im 7. Jahrhundert erweitert.

Der Große Kanal führte anfänglich von Hangchou über den Unterlauf des Ch'angchiang bis zur damaligen Hauptstadt Loyang am Huangho und war eine wichtige Verbindung zwischen Nord- und Südchina.

Nach der Eroberung Nordchinas durch das Mongolenheer im 13. Jahrhundert wurde Peking wieder Hauptstadt. Nach Gründung des »Amtes zur Überwachung der Gewässer« 1266 wurde der Kanal bis in die Nähe von T'ienchin verlängert. Mit der Kanalverlängerung wurden die bereits vorhandenen Abschnitte gleichzeitig vertieft, verbreitert und teilweise neu verlegt, so daß der lebensmittel-

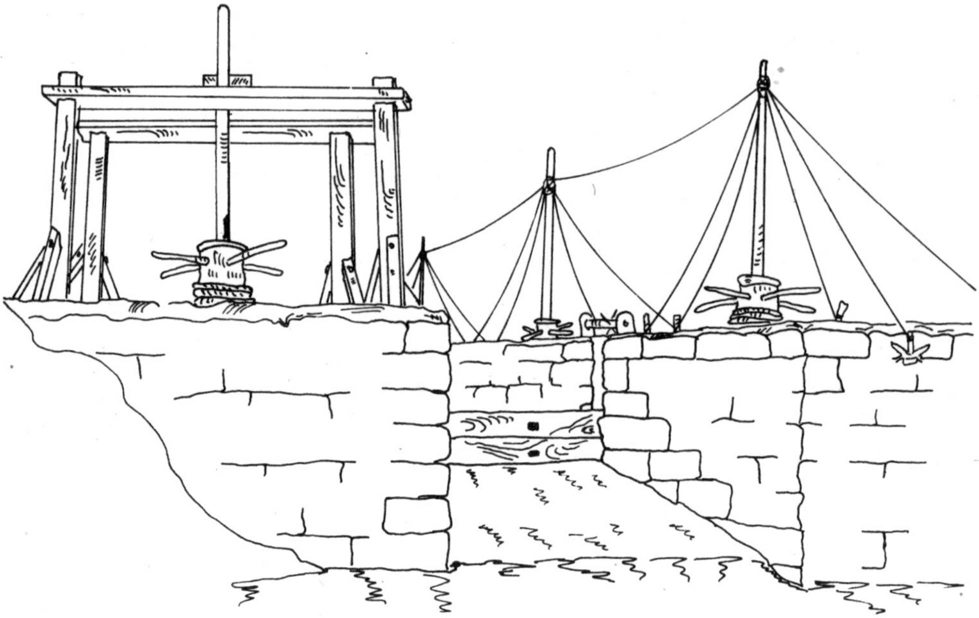

Fig. 3 Bootsschleppe mit Spills, die beim Durchziehen der Dschunken verwendet werden

abhängige Norden auf diesem Wege sicher versorgt werden konnte. Von 1368 bis 1644 wurde der mittlere Abschnitt weiter ausgebaut. Bis zum heutigen Tag blieb der Große Kanal, mit unterschiedlicher Wichtigkeit für den Warentransport, in Betrieb.

An den Knotenpunkten der Wasserstraße entstanden Umschlagplätze, etablierten sich Transportunternehmen und wurden Werften errichtet. Es entstanden Maklerbüros sowie Lastenträgergilden unter privater und staatlicher Leitung.

Mit einer Länge von rund 1790 km ist der Große Kanal die längste und gleichzeitig älteste künstliche Wasserstraße der Erde. Der Kanal ist auf der Hauptstrecke 50 bis 100 m breit. An schmalen Stellen erreicht er manchmal nur eine Breite von 10 m, die Schritt für Schritt durch bauliche Maßnahmen verbreitert werden. Beim Bau wurden geschickt natürliche Gewässer einbezogen und die Flußsysteme des Huangho und des Ch'angchiang miteinander verbunden.

Mit dem Lingch'ü-Kanal ist auch die Verbindung zum dritten großen Flußsystem, dem des Hsichiang, hergestellt worden. Eine große Bedeutung hat der Kanal auch für die Bewässerung und zur Regulierung des alljährlichen Hochwassers in Nord- und Zentralchina. 1950 begann nach der Instandsetzung der Schutzanlagen der weitere Ausbau, so daß ab 1985 auf dem Kanal Schiffe bis zu einer Wasserverdrängung von 3000 Tonnen fahren können, die auf diesem Wege Kohle aus den Bergwerken des Nordens zu den Industriegebieten im Osten transportieren.

Die Regulierung der umfangreichen Kanal- und Flußsysteme erforderte schon in früher Zeit geeignete Wasserbauten, um jahreszeitlich bedingte Pegelunterschiede auszugleichen. Die Chinesen hatten aus den immer wieder auftretenden verheerenden Überschwemmungen gelernt. Sie bauten Deiche, um das alljährliche Hochwasser mit seinen katastrophalen Folgen in Grenzen zu halten. Die Kanäle hatten bereits Einrichtungen zur Regulierung des Wasserstandes. Die Schiffshebewerke wurden als doppelseitige schiefe Ebenen gebaut. Über diese Ebenen konnten die ankommenden Dschunken unter Zuhilfenahme mehrerer am Ufer aufgestellter Gangspills heraufgezogen und nach der Überquerung des höchsten Punktes wieder heruntergelassen werden. Hinter der Kuppe lag ein Ballen aus Bambusgeflecht, der beim Überkippen der Dschunke als Fender wirkte. Ein derartiges Manöver erforderte natürlich einen robusten Rumpfbau der Boote, was durch die heimischen Bootsbauer auch berücksichtigt wurde.

Dschunkentypen auf dem Ch'angchinag (Changjiang)

Vor der Motorisierung der Flußschiffahrt sollen allein im Bereich des Ch'angchiang einige hundert unterschiedliche Typen von Dschunken und kleineren Wasserfahrzeugen existiert haben. Neben den eigentlichen Haupttypen gab es viele sogenannte Mischtypen. So ist es auch nicht verwunderlich, daß nur Sachkundigen eine genaue regionale Zuordnung der Formen möglich ist. Zahlreiche konstruktive Merkmale lassen eine Klassifizierung nach Typ und Verbreiterungsgebiet zu. Unter diesem Gesichtspunkt erfolgte eine repräsentative Typenauswahl der Fahrzeuge, die hier näher vorgestellt werden sollen.

In der Provinz Szech'uan am Oberlauf des Flusses gab es bei Ch'ungch'ing auf den Nebenflüssen Suining und Chialing die bis zu 43 m lange und 5,6 m breite Lachuach'iu-Dschunke. Diese einmastige Dschunke hatte ein besonders langes Deck, auf dem vor dem Mast bis zu 20 Ruderer Platz fanden. Dem Lauf des Flusses folgend, begegnete man bei der Stadt Fuling der Waip'iku-Dschunke. Sie ist an ihrem verwundenen Heck gut zu erkennen. Der Flußabschnitt von Wanhsien bis Ich'ang erforderte besonders widerstandsfähige und wendige Dschunken, da hier die Wildwasser mehrerer Schluchten passiert werden mußten. Hier gab es die Ich'anghuatzu-Sampane (Sampan bedeutet »drei Bretter« und weist auf das Hauptmerkmal dieser Fahrzeuge hin), die bis 10 m lang und 2 m breit waren. Auch die dreimastige Mayangtzu-Dschunke war hier beheimatet. Sie war groß und hatte eine Ladefähigkeit bis 100 t. Auf dem Tungt'ing-See war die sehr robuste einmastige Wuchiangtzu-Dschunke zu Hause. Mit ihr konnten Fahrten bis Ch'ungch'ing am Oberlauf des Flusses unternommen werden. Vom Yüan-Fluß sind die Mayangpakan-Dschunken bekannt. Sie waren einmastig und sehr komfortable Reiseboote mit Längen zwischen 20 und 40 m. Diese Dschunken befuhren den Tungt'ing-See und den Ch'angchiang bis nach Wuhan. Der Urtyp der Mayangtzu-Dschunken soll vor vielen hundert Jahren in Mayang am Fluß Yüan entstanden sein. Die P'ingchiangtiaokoutzu-Dschunke beförderte vorrangig Kohle vom Revier am Tzu-Fluß über den Tungt'ing-See nach Wuhan. Die 20 bis 27 m lange Dschunke hatte weit vorne einen Mast. Ihren Namen erhielt sie vom Fluß P'ingchiang, auf dem sie verkehrte. Das hochgezogene Heck nannte man Tiaokoutzu, was soviel wie Angelhaken bedeutet. Das Drachenboot oder Lungch'uan war und ist immer noch in mehreren Ländern Asiens in Gebrauch. Es ist kein Transportfahrzeug, sondern wird nur zu brauchtümlichen Bootsfahrten bei besonderen Anlässen genutzt. Auf die Miao, die alljährlich ihr Drachenbootfest feiern, wird später noch eingegangen. Auch die P'aoch'uan, Polizei-Dschunken, die ihren Dienst zwischen Ich'ang und Wuhan versahen, die Kan-Dschunken und die Kualou-Dschunken vom P'oyang-See werden näher beschrieben.

Im Osten der Provinz Hupei war die Yashao-Dschunke auf dem Pa-Fluß beheimatet. Diese Zweimast-Dschunke hatte einen Fockmast und einen Großmast. Auf dem mittleren Abschnitt des Han-Flusses verkehrte die Laohok'ouch'iutzu-Dschunke. Sie war bis 23 m lang und gut an ihrer spezifischen

Mastform und dem hochgezogenen Achtersteven zu erkennen. Laohok'ou ist der frühere Name für die Stadt Kuanghua. Im Ch'angchiang-Delta ist die Hangchou-Dschunke wahrscheinlich jetzt nicht mehr im Gebrauch. Diese dreimastige Dschunke verfügte über eine farbenprächtige Bemalung mit reizvollen Motiven. Ihre eigentliche Heimat war die Mündung des Ch'ien'tang. Beide Mündungsgebiete sind durch den Großen Kanal verbunden, wodurch sich das Ausbreitungsgebiet erklärt. Im Ch'angchiang-Delta finden wir noch einen mastlosen Leichter mit der Bezeichnung Ich'angpo. Seine Ladefähigkeit schwankt zwischen 60 und 100 t. Der Laderaum ist durch 15 Querschotte unterteilt und wird mit Planken flach abgedeckt. Zu den äußeren Kennzeichen zählen das große Balanceruder und je drei Barkhölzer am oberen Rand des Rumpfes. Diese mit Kiel gebauten Leichter verkehren noch in fast allen Häfen Chinas. Der Kiel geht auf europäischen Einfluß zurück. Ein kleines Wohnboot, das allerdings nur in den Mündungen und Buchten südlich des Ch'angchiang anzutreffen ist, ist es wert, besonders hervorgehoben zu werden. Die Herkunft der Shuishangchümin, der Bewohner dieser Boote, ist bis heute nicht ausreichend geklärt worden. Man bemüht sich gegenwärtig, sie allmählich an Land anzusiedeln, so daß die Anzahl dieser Boote ständig rückläufig ist.

Die folgende Tabelle gibt einen Überblick über die genannten Dschunken- und Bootstypen. Acht Fahrzeuge werden im anschließenden Text näher beschrieben und sind aus diesem Grunde durch eine Unterstreichung kenntlich gemacht. Die Reihenfolge richtet sich im wesentlichen nach geographischen Gesichtspunkten.

Dschunken- und Bootstypen des Ch'angchiang (Changjiang) (Auswahl)

Nr.	Bezeichnung	Verbreitungsgebiet
1	Laohuach'iu (Laohuaqiu)	um Ch'ungch'ing (Chongqing)
2	Waip'iku (Waipigu)	um Fuling
3	Ich'anghuatzu (Yichanghuazi)	Wanhsien (Wanxian) bis Ich'ang (Yichang)
4	Mayangtzu (Mayangzi)	Wanhsien (Wanxian) bis Ich'ang (Yichang)
5	Wuchiangtzu (Wujiangzi)	Tungt'ing (Dongting)-See
6	Mayangpakan (Mayangbagan)	Tungt'ing (Dongting)-See
7	P'ingchiangtiaokoutzu (Pingjiangdiaogouzi)	Tungt'ing (Dongting)-See bis Wuhan
8	Lungch'uan (Longchuan)	z. B. Zuflüsse des Tungt'ing (Dongting)-See und andere Provinzen
9	P'aoch'uan (Paochuan)	Ich'ang (Yichang) bis Wuhan
10	Kan (Gan)	P'oyang (Poyang)-See
11	Kualou (Gualou)	P'oyang (Poyang)-See
12	Yashao	Pa (Ba)-Fluß bis Wuhan
13	Laohok'ouch'iutzu (Laohekouqiuzi)	Wuhan bis Laohok'ou (Laohekou)
14	Hangchou (Hangzhou)-Dschunke	um Hangchou (Hangzhou)
15	Ich'angpo (Yichangbo)	Ch'angchiang (Changjiang)-Mündung
16	Wohnboote der Shuishangchümin (Shuishangjumin)	Provinzen Kuangtung (Guangdong), Kuanghsi (Guangxi) und Fuchien (Fujian)

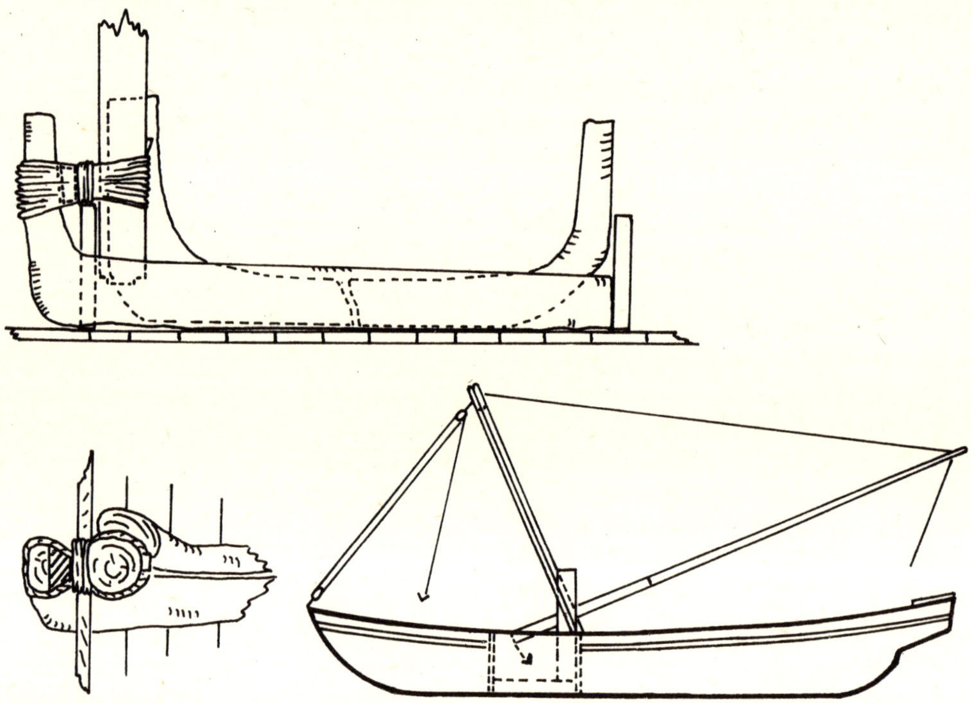

Fig. 5 Mastfuß eines Fockmastes und das Mastlegen mittels Jüll

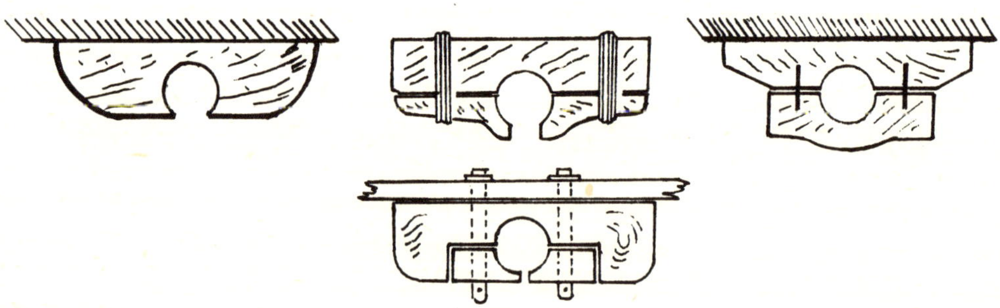

Fig. 6 Halterungen des Ruderschaftes

Der Bau der Fluß-Dschunken

Je nach geographischer Lage und Verwendungszweck entwickelten in China geschickte Zimmerleute eine unübersehbare Vielzahl von Wasserfahrzeugen. Vor etwa 4000 Jahren entstanden hier die ersten Planken- oder Kastenboote, so daß die Vorläufer der Dschunken zu den ersten geplankten Booten in der Entwicklungsgeschichte der Schiffahrt gezählt werden können. Es gab, sieht man von einigen zeitlich begrenzten frühkapitalistischen Ansätzen ab, in Chinas Geschichte nur kleinere Bootswerften. Ein Bauplatz wurde früher meistens nur einmal benutzt und verwaiste anschließend wieder.

Im großen und ganzen verlief der Bau der Dschunken immer ähnlich. Zuerst wurden die Bodenbretter auf niedrige Böcke gelegt und mit eisernen Nägeln oder Klammern verbunden. Auf diesen Boden wurden die Querschotte gesetzt und befestigt. Die halbfertige Rumpfkonstruktion schloß mit einem Bug- und einem Heckschott ab. Auf die Schotte wurden in bestimmtem Abstand zwei Decksstringer aufgesetzt. Sie bildeten gleichzeitig den Rahmen oder das Süll für die Luken. Unter diese Decksstringer wurden die Decksbalken für die Decksauflage eingezogen. Mit den zum Teil auf dem Erdboden vorgefertigten Seitenplanken konnte nun die Rumpfkonstruktion vervollständigt werden. Zwei bis vier Barkhölzer als Rumpfabschluß ergaben mit den Decksstringern eine brauchbare Festigkeit. Je nach Gefühl und Erfahrung verstärkte der Bootsbauer mit weiteren Querrahmen zwischen den Schotten den Rumpf. Die Querrahmen wurden aus Kanthölzern gefertigt. Um eine gute Festigkeit zu erreichen, setzte man Rahmen auch direkt an das Schott. Danach wurden das Deck, die Aufbauten und die Inneneinrichtung hergerichtet. Zuletzt dich-

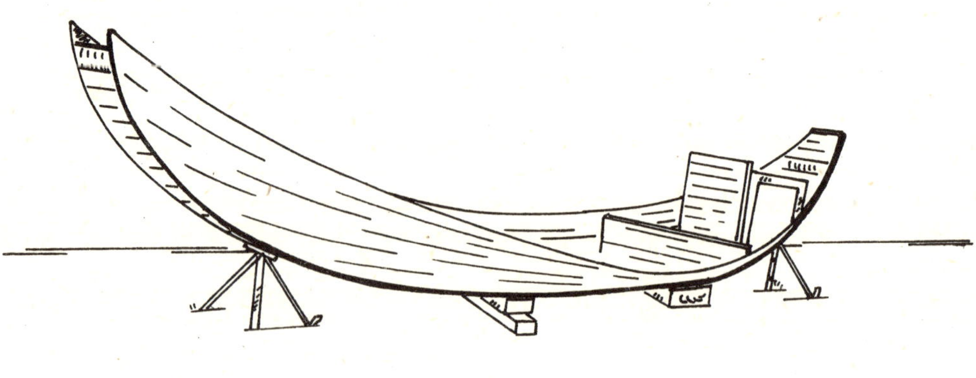

Fig. 4 Dschunkenbau in der Uferzone

teten Kalfaterer die Fugen. Das Zuwasserlassen der Dschunke von der Uferböschung vollzog sich nach altem Brauch. Vor dem Stapellauf wurde für den Schutzheiligen, der Schiff und Besatzung vor Unglück bewahren sollte, eine Opfergabe dargebracht. Dieser Schutzheilige erhielt in Form eines kleinen Altars oder eines Schreins in einem Raum an Bord seinen Ehrenplatz. Ein die Zeremonie begleitendes Feuerwerk galt der Abwehr böser Geister beim Stapellauf. Sie sollten dadurch alle Zeit vom Schiff ferngehalten werden. Demselben Zweck dienten rote Fahnen an vielen Stellen des Schiffes, Windfahnen und einzelne Symbole der Bemalungen. Der erste Schwimmversuch entschied über die Qualität der Abdichtung, da die grob und solide gezimmerten Rümpfe die ganze handwerkliche Kunst eines Kalfaterers erforderten. Bereits im alten Babylon nutzte man Naturasphalt zum Abdichten der Wasserfahrzeuge. Je nach Vorhandensein wurde und wird noch eine Fülle von verschiedenen Materialien in allen Teilen der Erde zum Abdichten von Booten und Schiffen jeder Art gebraucht: Asphalt, Teer, Pech, Harze, Gummi und sogar Ton. Außer einigen Harzen wird in China ein Kitt aus Kalk und T'ung-Öl, ein Öl aus den Früchten des T'ung-Baumes aleurites montana bzw. aleurites fordii, auch Holzöl genannt, verwendet. Ein weniger gutes Öl wird aus den T'ung-Bäumen aleurites cordata und aleurites moluccana gewonnen. Dieser weiße Kitt härtet in weniger als 48 Stunden aus. Er wird im Gegensatz zum Pech bei starker Sonneneinstrahlung in den Tropen nicht weich. Diese Kalfatermasse dichtet auch größere Spalten und Löcher ab. Als Abschluß wird auf die Fugen und versenkten Nagelköpfe eine feinere Kittmischung aufgetragen. Sie besteht aus 100 Teilen Kalk, 50 Teilen T'ung-Öl, 10 Teilen pulverisiertem Garn und Hanf oder Bambusspänen. Von Zeit zu Zeit wird die ganze Dschunke mit T'ung-Öl eingestrichen. Das stark glänzende Öl trocknet schnell und ergibt einen guten Firnis.

In Nordchina ist es nicht üblich, einen Unterwasseranstrich aufzutragen. Oberflächliches Ankohlen dient hier der Konservierung des Holzes. In Mittel- und Südchina ist für den Anstrich heller Kalkkitt, den man häufig auch bei den See-Dschunken verwendet, gebräuchlicher.

Die Masten der Fluß-Dschunken sind verhältnismäßig hoch, um den Wind, der über die Deiche und hohen Ufer weht, noch gut ausnutzen zu können. Die Masten können im allgemeinen umgelegt werden. Sie sind nicht so stabil wie bei den See-Dschunken gebaut. Eine Ausnahme bilden Masten, die auch für die Befestigung der Schlepptrossen beim Treideln vorgesehen sind. Sie sind kurz, stämmig und nicht klappbar. Sie werden flußabwärts, bei der Fahrt mit dem Strom, meistens herausgenommen und als Schutz an die Bordwand gebunden.

Das Tauwerk ist aus Hanf oder geflochtenen Bambusstreifen hergestellt. Das nicht sehr umfangreiche Tauwerk konserviert man mit T'ung-Öl. Für das Imprägnieren der Fischernetze und vereinzelt auch des Tauwerkes wird manchmal auch Schweineblut mit etwas Kalk genommen.

Das Ruderblatt einer Fluß-Dschunke ist selten in der Höhe verstellbar. Der Ruderschaft besteht aus einem Stamm, an dessen Gabelende das Ruderblatt befestigt ist. Längsversteifungen an beiden Seiten des Blattes erhöhen die Festigkeit. Diese Ruderkonstruktion kann, wie man vereinzelt bei den Dschunken findet, mit einem Tau an das Heck herangezogen werden. Diese zusätzliche Halterung soll den Wasserdruck, der auf das Ruderblatt in schwierigen Flußabschnitten besonders stark wirkt, abfangen. Gespannt werden kann das Tau durch ein waagerechtes Spill im Heck oder auf dem Bug. Der Ruderschaft besitzt als Lager einen Holzring und ein bis zwei Klampen. Diese hölzernen Widerlager verschleißen schnell, so daß der Dschunkenmann den Holzring oft erneuern muß. Besonders

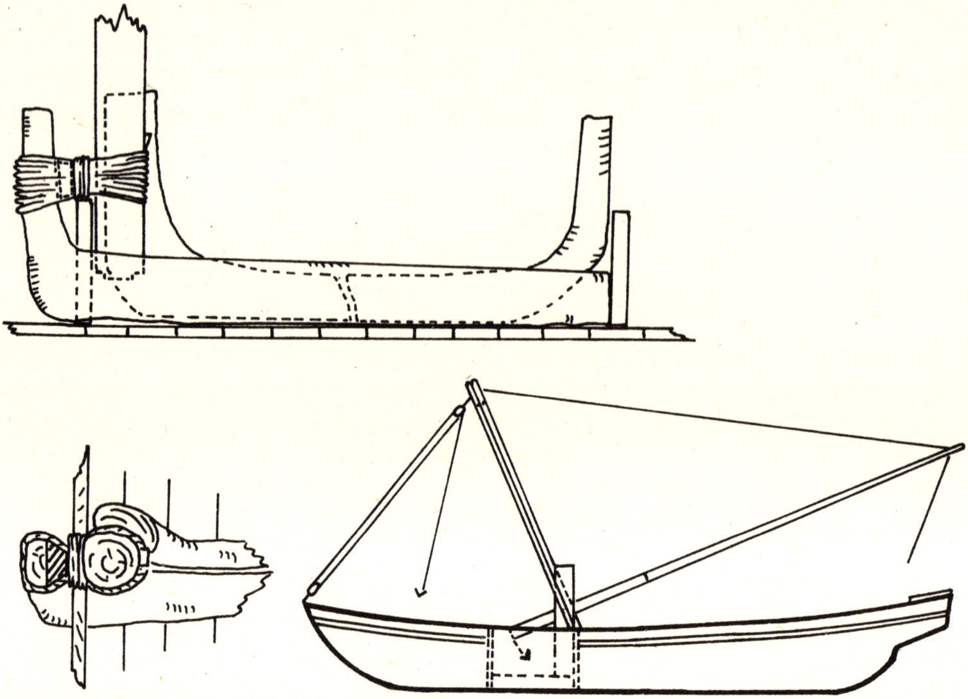

Fig. 5 Mastfuß eines Fockmastes und das Mastlegen mittels Jüll

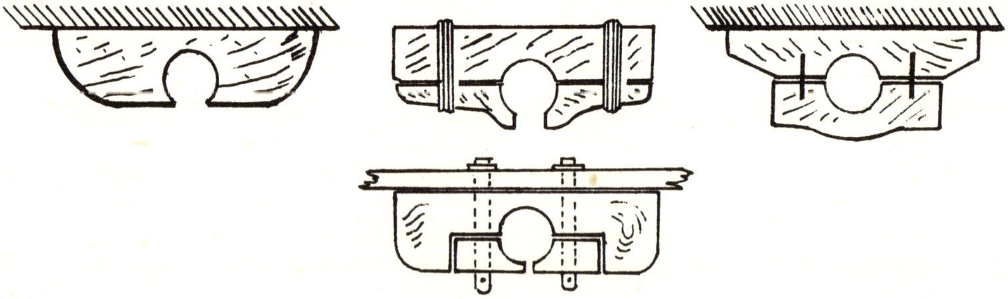

Fig. 6 Halterungen des Ruderschaftes

Fig. 7 Heckansicht mit aufgeholtem Normalruder

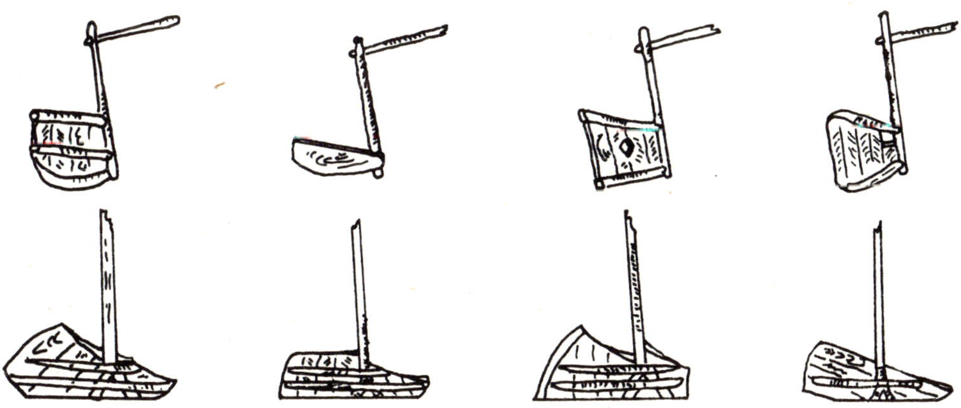

Fig. 8 Normal- und Balanceruder

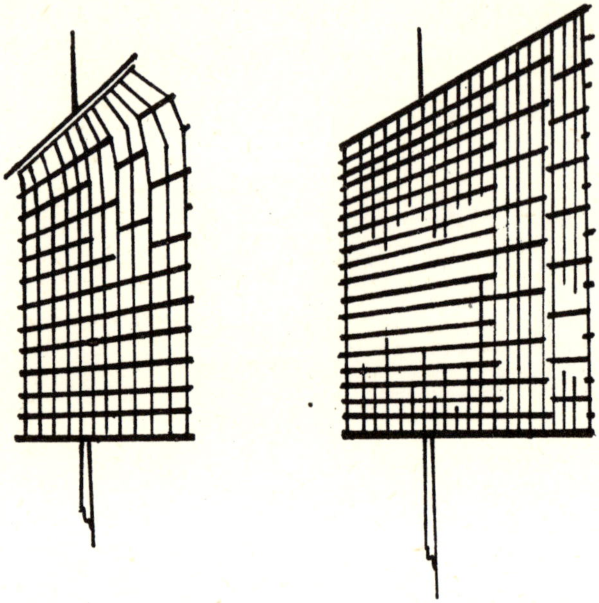

Fig. 9 Segelformen

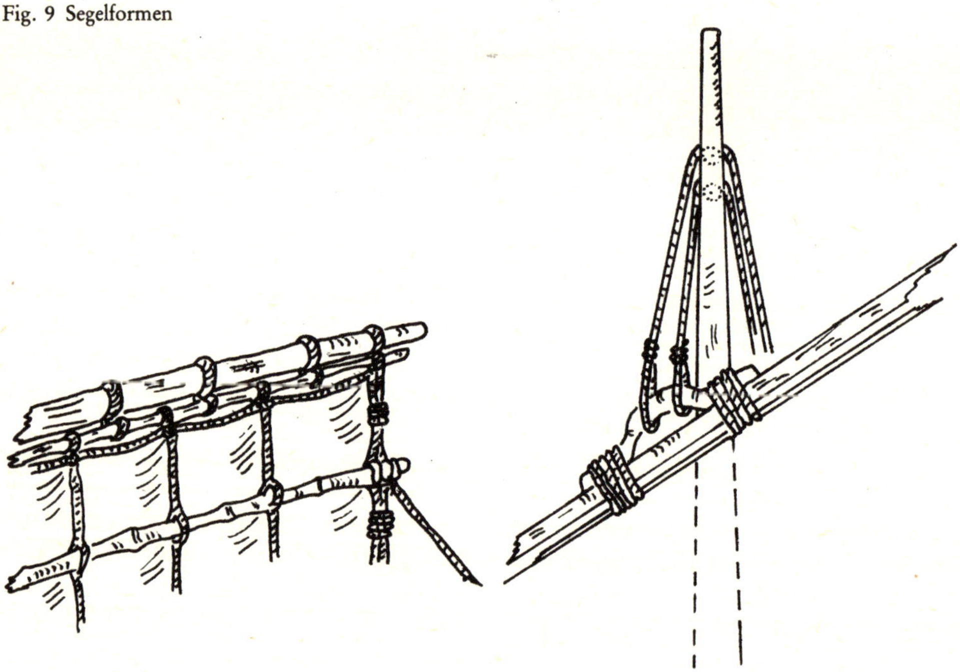

Fig. 10 a) Befestigung des Segels an der Rah

b) Rahklampe und Führung der Fallen am Masttopp

geschickte Bootsbesatzungen sind sogar in der Lage, auch während der Fahrt Reparaturen am Ruderblatt durchzuführen. Auch Ersatzruder werden mitgeführt und meistens an der Innenseite des Hecks gelagert. Kleinere Ruder baut der Chinese als Normal- und größere als Balanceruder. Bei den Balanceruderblättern findet man kaum Durchbrechungen, wie sie bei den kleineren Normalrudern zu sehen sind.

Die Segel sind an den Masten relativ weit oben angebracht, um den Wind oberhalb der erwähnten Landhindernisse nutzen zu können. Stoffsegel finden wir erst seit der Mitte des vorigen Jahrhunderts. Sie sind zwar teuer, dafür aber haltbarer als geflochtene Segel aus Reisstroh, Binsen oder anderen Blattmaterialien, die man aber auch heute noch aus Tradition oder aus Gründen der Sparsamkeit verwendet. Es gibt sogar Segel aus dünner Bambushaut und aus gespaltenem Bambus. Ein solches Segel wird aus Bambusplatten geflochten. Das Bambusrohr ist zu hart und nicht sehr biegsam. Je nach Bedarf kann die Segelfläche durch die Anzahl der Platten verändert und angepaßt werden. Das Stoffsegel wird ähnlich dem Tauwerk mit einer Mischung aus T'ung-Öl und Schweineblut imprägniert. Zum Schutz gegen die Witterung wird der Gerbsaft des Mangrovenbaumes verwendet, der eine braune Farbgebung ergibt. Die Matten- oder Stoffsegel sind oft sehr zerschlissen. Nach Ansicht der chinesischen Schiffsbesatzungen kann durch die Schlitze und Löcher der Stauwind entweichen, so daß das zerfetzte Segel besser zieht.

Um 1900 gab es auf den europäischen Tiefwasserseglern ähnliche Versuche mit geschlitzten Segeln. Neue Segel werden für eine Dschunke nur im äußersten Notfall angeschafft, und zwar erst, wenn die Flicken absolut nicht mehr zusammenhalten. Da es für das Anfertigen der Segel in China keine eigenständige Berufsgruppe gab, halfen die Besatzungsmitglieder bzw. die Familie des Bootsbesitzers bei deren Anfertigung. Der Segelriß wurde grob auf dem Boden aufgezeichnet. Danach legte man die Segellatten sowie die obere und untere Rah auf die Zeichnung und verband sie mit den Tauen. Das Segeltuch wurde hiernach auf das Gerippe gelegt und alle Anwesenden, die eine Nadel führen konnten, betätigten sich beim Nähen der Segel. Der Dschunkenmann verwendet etwa 72 Stiche auf einen laufenden Imperial-Standard-Yard (0,914 m). Ein Segelplan oder etwaige Berechnungen der notwendigen Flächen sind in China beim traditionellen Bootsbau nicht bekannt. Waren die senkrechten Bahnen zusammengenäht, so wurden sie an den Segelplatten und Verbindungsleinen befestigt. Im hinteren Segelteil verliefen die Bahnen oft abwechselnd vor und hinter den Latten. In gleichmäßigen Abständen von etwa 15 cm wurden die Verbindungsleinen mit den Segellatten verbunden. Das fertige Segel wurde dann an der Rah befestigt und mit einem komplizierten laufenden Gut zum Heißen und Reffen versehen. Die Funktion dieser Takelung ist höchst wirkungsvoll und wird auch bei einer Anzahl von

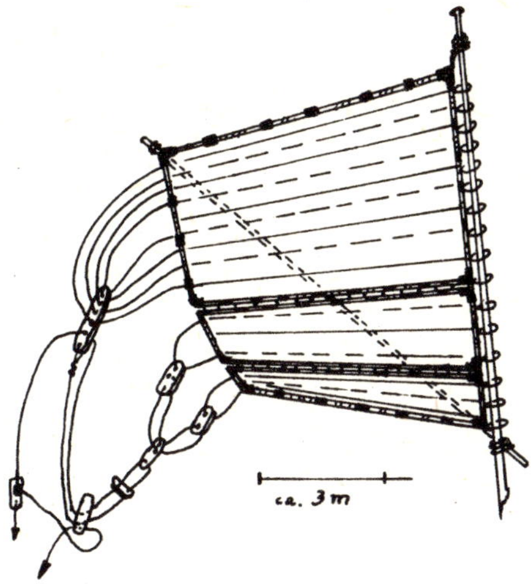

Fig. 11 Sprietsegel

europäischen Hochseeyachten verwendet. Das weitere Takelwerk ist überschaubar und läßt sich in vier Bereiche unterteilen. Erstens ein Fall zum Heißen des Segels, zweitens das Schotensystem, wobei jede Latte und Rah ein Schot hat, drittens das hahnepotartige Zusammenfassen der Schoten mit Blöcken oder Spinnenjuffern aus Shamu-Holz und viertens ein sehr weites Rack für jede Latte. Die Racks bestehen aus Tauwerk oder aus gespaltenem Bambus. Eine Balancierleine verläuft von Rack zu Rack um den Mast herum, so daß durch das Anziehen oder Loslassen dieser Leine die Lage des Segelschwerpunktes zum Lateralschwerpunkt verändert werden kann. Liegt der Segelschwerpunkt vor dem Lateralschwerpunkt, ist die Dschunke leegierig und dreht aus dem Wind. Liegt der Segelschwerpunkt hinter dem Lateralschwerpunkt, ist die Dschunke luvgierig und dreht in den Wind. Wenn genaue Kenntnis des Bootes und seemännische Erfahrungen sich paaren, kann die Steuerung durch die Segelstellung gut unterstützt werden. Wird das Fall gelöst, fällt das Segel am Mast herunter und wird in »Schlingen« aufgefangen. Das Segel legt sich wie eine Jalousie zusammen. Anstelle der »Schlingen« findet man auch Ablagegestelle oberhalb des Decks. Zum Reffen des Segels muß der Mast nicht bestiegen werden, was für Reparaturzwecke oder als Ausguck unter Verwendung der Racktaue trotzdem möglich ist. Mit Hilfe der Segellatten oder einer Balancierleine erreicht man ebenfalls die obere Rah. Zum Besteigen der Mastspitze ist das obere Stück mit Kerben oder Knaggen versehen. Einige südchinesische Dschunken besitzen auch Wanten. Hier ist der Einfluß des europäischen Schiffbaues erkennbar. Die Wanten sind nur oberhalb des Segels ausgewebt. Um die Zugkraft des Schlepptaues abzufangen, finden wir auch beim Treideln die Masten mit Wanten oder Pardunen abgestützt. Auch bei den Fischer-Dschunken in Südchina finden wir Wanten am Großmast, an denen vermutlich die Netze zum Trocknen aufgehängt werden. Das Segel läßt sich ohne Wanten frei um den Mast herum bewegen. Der Segeldruck verteilt sich auf den ganzen Mast und in Sekundenschnelle kann das Segel durch das Loswerfen des Falls gerefft werden. Der Chinese führt sein Segel vereinzelt auch luvseitig, so daß der Wind das Segel an den Mast drückt. Auf den Fischereifahrzeugen an der Küste und in den Flußmündungen sind Sprietsegel üblich. Es gibt unterschiedliche Formen, wobei auf größeren Wasserfahrzeugen die Handhabung nicht einfach ist. Es kann angenommen werden, daß hier eine sehr viel frühere Anpassung des viereckigen Quersegels an chinesische Verhältnisse erfolgte, als es beim Luggersegel der Fall war. Diese Segel sind meistens aus waagerechten Bahnen zusammengesetzt und an der Vorderkante mit Ringen am dünnen Pfahlmast befestigt. Am oberen Vorderliek greift auch das Fall an, mit welchem das Segel am Mast gehißt wird. Ausgespannt wird dieses Segel durch eine dünne, meistens aus Bambus bestehende, diagonal verlaufende Segellatte. Die Segellatte ist mit einer einfachen Bindung am Mast befestigt. Ähnlich dem Luggersegel wird das Segel über ein Schotensystem in den Wind gestellt. Einige Segel haben mehrere Bonnets, durch die sie auf die übliche Weise mit dem Stammsegel verbunden werden. Auf kleinen Fluß-Dschunken gehört zum Sprietsegel gewöhnlich ein einfacher Pfahlmast, an den quadratische Segel gesetzt sind.

Auch bei den Blöcken entwickelten die chinesischen Takler durchaus eigene Formen. Es handelt sich stets um Holzblöcke aus Kampfer- oder Shamuholz (japanische Zeder, Tanne), die einen Schutzanstrich aus T'ung-Öl erhielten. Je nach Bedarf und Verwendungszweck gab es eine erstaunliche Formenvielfalt. Zur Schotenführung wurden lange schmale Spinnenjuffern mit einer Vielzahl von Löchern, manchmal auch mit einer Scheibe für die Hauptschot, verwendet. In der Regel hatten die chinesischen Blöcke keine Metall-

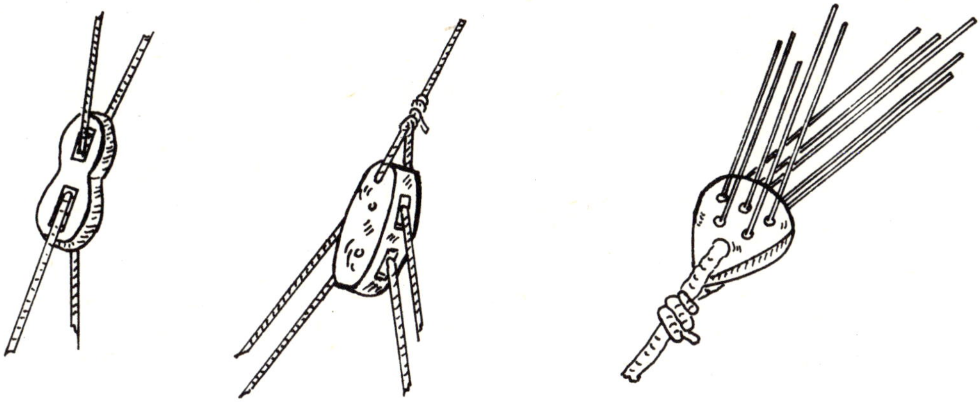

Fig. 12 Hahnepot-Blöcke und Juffer

beschläge. Zuweilen begegnete man angesetzten Eisenhaken. Das zugehörige Tauwerk bestand aus Hanf- oder Palmenfasern. Die Schlepp-, Treidel- und zuweilen auch Ankertrossen bestanden aus gehämmerten Bambusstreifen. Sie wurden nach der Fertigstellung zu großen Ringen zusammengelegt und zur besseren Haltbarkeit in T'ung-Öl gekocht. Die aufgeschossenen Schlepptrossen sieht man oft bei Abbildungen auf den Deckshäusern der Dschunken abgelegt.

Der Anker der Fluß-Dschunken ist im Vergleich zu dem der See-Dschunken kleiner. Die Anzahl der mitgeführten Anker ist unterschiedlich und richtet sich nach der Bootsgröße, dem Fahrwasser, den speziellen Transportaufgaben und den vorhandenen Umschlagbedingungen. Neben den typischen chinesischen Draggen ohne Flunken sind auch Holzanker bekannt. Auf den Dschunken haben die Anker keinen festen Platz. Meistens hängt der Anker an der Bordwand, am Bugschott, oder er wird auf dem Oberdeck abgelegt. Zum Beispiel hat die Tungt'ing-Dschunke vier Draggen mit Kranbalken am Bug, die Kan-Dschunke dagegen einen Draggen am Bug ohne Kranbalken und manchmal einen Draggen seitlich an der Bordwand. Die Hank'ou-Dschunke besitzt am Bug zwei mit Draggen bestückte Kranbalken ähnlich der Chiuchiang-Dschunke. Auch Steinanker wurden vereinzelt benutzt. Bei kleineren Fahrzeugen findet man sehr leichte einarmige Holzanker und sogar vereinzelt Stangen, die einfach in den Flußgrund gerammt werden. Hierzu nimmt der Chinese einen ausgehöhlten Stamm, der etwa wie ein Schwertkasten mit der Öffnung stumpf auf den Boden des Bootes gesetzt wird und nach Durchbohren der Bordwand wasserdicht verschmiert wird. Durch diese »Bodenöffnung mit Führungsrohr« wird die Stange in den Flußboden gesteckt, wenn geankert werden soll. Das ist eine gute und einfache Methode für flache Gewässer.

Der chinesische Dschunkenmann nutzt heute noch einige Arten des Riemenantriebs, vom Stechpaddel bis zum Wriggriemen. Bei kleinen Nachen und den Drachenbooten verwendet man Stechpaddel. In der uns bekannten Art des »Pullens« kennt sich der Chinese ebenfalls aus. Beim »Pullen« sieht er jedoch in Fahrtrichtung. Die Arbeitsmethode ist gründlich durchdacht und den konkreten Bedingungen gut angepaßt. Bedient er zwei Riemen

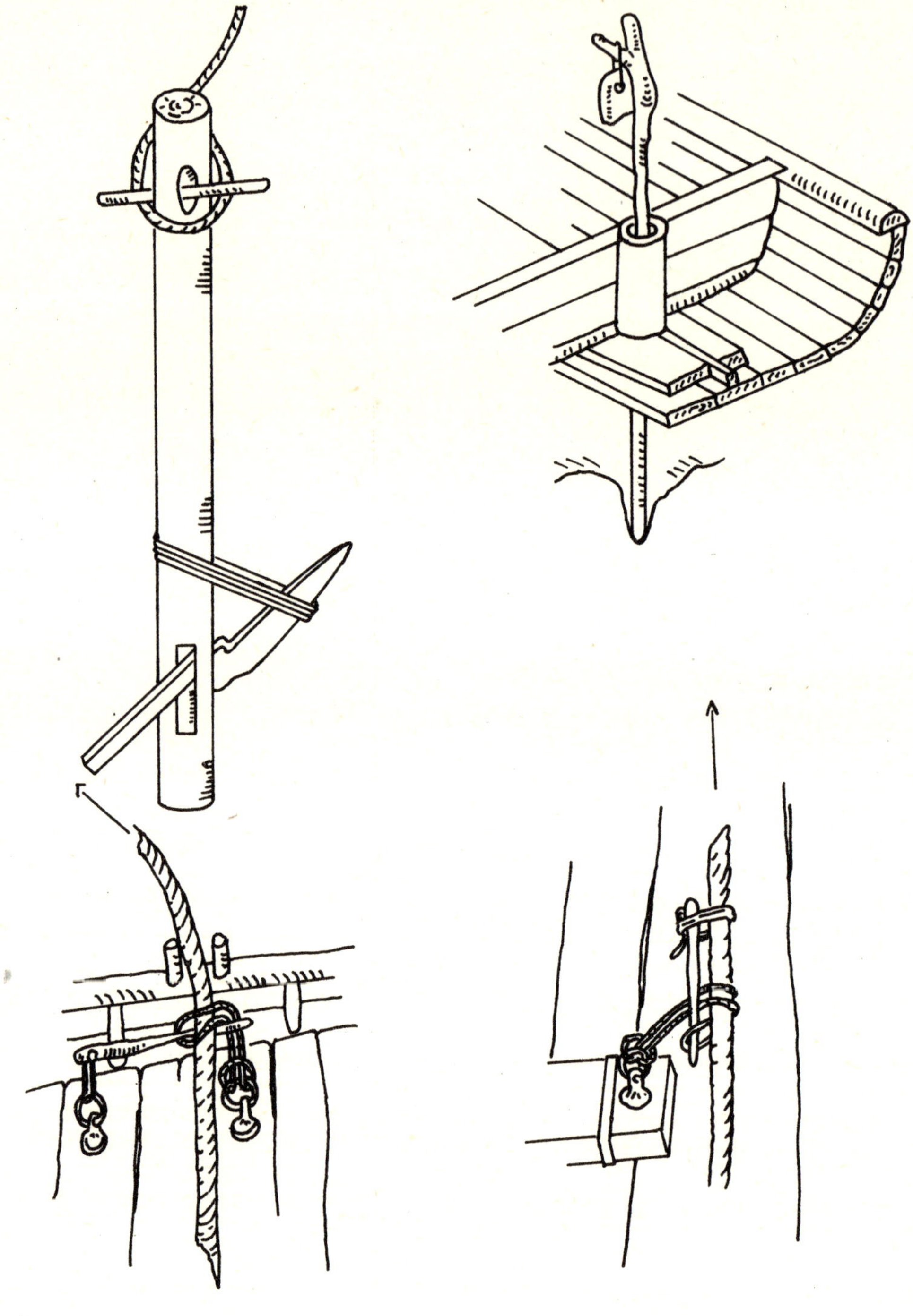

Fig. 13 Holzanker, Verankerung mittels Stange, Ausführung von Trossenstoppern

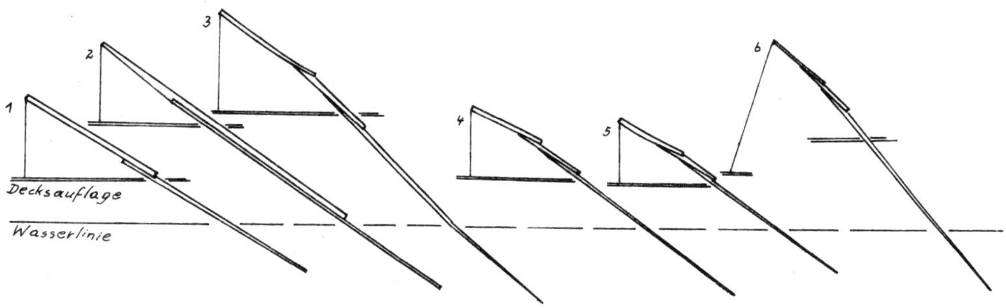

Fig. 14 Yülus (Yulus) von Dschunken (2,5) und Sampans (1, 3, 4, 6)

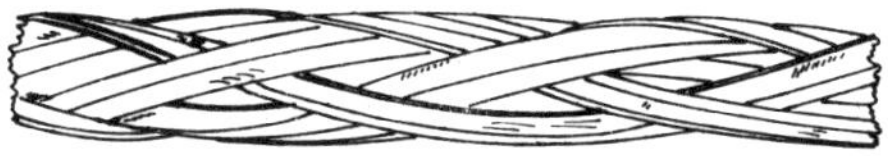

Fig. 15 Schlepptrosse aus geschältem Bambus

beim Rudern, so führt er die Riemen vor dem Körper über kreuz. Dabei wird der Kraftarm verlängert und Körperkraft eingespart. Diese vorteilhafte Riemenführung fanden wir auch in den Stromschnellen der großen Flüsse, wo die Steuerbordriemen von der an Backbord stehenden Mannschaft betätigt wurden und umgekehrt. In Sekundenschnelle können die Riemen in den Wirbeln und Stromschnellen bei Gefahr und beim Passieren enger Durchfahrten aus dem Wasser gezogen werden. Sehr häufig wird mit Riemen gewriggt. Auf kleinen Fahrzeugen wriggt in der Regel eine Person, manchmal sind es auch zwei. Die Handhabung des Riemens beim Wriggen ist ohne Hilfsmittel sehr kraftaufwendig, da dieser sich ohne Gegendruck in der Handhabe senkrecht stellt und dadurch der Vortriebskraft ausweicht, die dann nicht wirken kann. In China spannt man vom Handgriff des Riemens zum Deck eine Leine. Die Leine wird durch das Bestreben des Riemens, sich senkrecht zu stellen, gespannt und bestimmt durch ihre Länge den Winkel zur Wasserfläche (etwa 45°). Diese simple Leinenverbindung verringert den Kraftaufwand und erleichtert die Arbeit. Selbst Frauen und Halbwüchsige sind dadurch in der Lage, den schweren Wriggriemen zu handhaben, z. B. bei der Binnenfischerei. Die Fertigkeit, den Riemen durch Hin- und Herbewegen in Schwung zu halten, muß gelernt sein, da das Blatt bei jedem Schlag so gedreht werden muß, daß es Vortrieb erzeugt. Der Chinese nennt den Wriggriemen treffend Yülu, was soviel wie Fischschwanz heißt. Selbst auf See-Dschunken finden wir am Heck eine Pforte für einen großen Wriggriemen, der als Notantrieb oder Hilfsruder verwendet werden kann. Der Dschunkenmann benutzt große Wriggriemen außer am Heck auch an den Seiten. Auf den Enden der Decksbalken, die die Bordwände überragen, werden senkrechte Zapfen befestigt. Hierauf werden die Riemen gesteckt.

Die Ruderer stehen, wie bereits erwähnt, hart an der gegenüberliegenden Bordwand oder auf einer schmalen Laufplanke sogar außenbords. Auf diese Weise können bei größeren Dschunken zehn oder mehr Riemen eingesetzt werden. Meistens sind die Riemen und auch die Paddel aus mehreren Teilen zusammengesetzt. Die Paddel bestehen aus einem Bambus- oder Holzschaft mit einem Blatt aus Holz. Die Formen der Blätter sind unterschiedlich. Auch die großen Riemen bestehen fast alle aus zwei Teilen. Die Laschung wird durch eine Bindung aus Rotang (Palmengattung) ermöglicht, so daß Längen bis 15 m und mehr hergestellt werden können. Am Drehpunkt werden die Riemen durch eine Tauschlinge, einen eisernen Zapfen oder die bekannte Aushöhlung (Rundsel) gehalten. Am Handgriff befindet sich ein Sicherheitstau, das zum Deck führt. Zur Ausbalancierung des Riemens werden oftmals einige angebundene Steine als Gegengewicht benutzt. Bei den Flößen auf dem oberen Ch'angchiang gab es auch Riemen aus Bambus mit Blättern aus geflochtenem Bambus. Neben der »Hand«-habung des Riemens bedient der Chinese den Riemen auch mit dem Fuß. Zum besseren Halt der Füße sind Trittbretter am »Griffende« befestigt.

Aus der Zeit der Ming-Dynastie sind vereinzelte Abbildungen bekannt, die Kriegs-Dschunken mit Schaufelradantrieb zeigen. Hierbei handelt es sich um seitliche Schaufelräder. Spätere Abbildungen mit Heckenschaufelrädern sind ebenfalls bekannt. Diese Schaufelräder wurden durch Treträder betrieben.

Auf Binnengewässern war das Schleppen oder Treideln von Booten weit verbreitet. Meistens schleppten Menschen, seltener Tiere, die Wasserfahrzeuge. Es gab recht unterschiedliche Schleppmethoden, zum Beispiel schleppten Einzelpersonen, knietief in seichten Wasserarmen watend, leichte Bambusflöße an einem Tau, das über die Schulter gelegt wurde. Auf diese Weise wurden relativ flache Gewässer mit Frachten passiert. Es gab auch Mannschaften von 300 und mehr Treidlern, die mit langen Schlepptrossen von Land aus die Boote zogen. Die armstarken Schlepptrossen aus Bambus waren sehr haltbar und elastisch. Die Schlepptrosse war an dem überragenden Kopfende eines Decksbalkens hinter dem Großmast befestigt, wurde dann durch das Auge einer zweiten Trosse geführt und verlief von hier aus zu den Treidlern. Die zweite oder Haltetrosse verlief von einer Decksbefestigung über eine Rolle oder einen Block am Mast etwa in halber Masthöhe. Hier befand sich das erwähnte Auge, durch das die Schlepptrosse geführt wurde. Die Zugkraft der Trosse griff in halber Masthöhe an. Diese Höhe konnte durch Nachgeben oder Einholen der Haltetrosse verändert werden. Gleichzeitig wurde die Schlepptrosse hoch über der Wasserlinie geführt, so daß sie bei Uferunebenheiten freilief. Bei dieser Trossenführung blieb die Dschunke mit ihrem eigenen Ruder steuerfähig, was bei einer Befestigung am Bug des Schiffes nicht der Fall wäre. Die Treidler verwendeten Zugseile mit Querhölzern oder Schulterschlingen. Am Zugende der Seile war eine Scheibe oder ein Knebel aus Bambus bzw. Schildkrot befestigt. Dieser Knebel wurde um die Schlepptrosse gelegt und hinter dem kurzen Zugseil festgeklemmt. Beim Anziehen festigte sich diese Bindung. Ließ der Treidler das Zugseil aber locker, so löste sich diese sofort. Trotzdem gab es viele Unfälle, wie es heute noch die Gräber an den Ufern beweisen. Die lange Schlepptrosse straffte sich manchmal plötzlich, wenn die Dschunke zum Beispiel in eine Stromschnelle geraten war, und wer sich dann nicht blitzschnell lösen konnte, wurde in die Tiefe gerissen. Ausgebaute Treidlerwege, wie in den Ch'angchiang-Schluchten, waren nicht immer vorhanden. An kritischen Stellen trug der Treidler, der sonst barfuß ging, Strohsandalen, damit ein Ausgleiten auf den nassen, glitschigen Felsen gemindert wurde.

Die Treidler stammten meistens aus verarmten Bauernfamilien und waren in einer Art Gilde zusammengeschlossen. Die Treidlermeister wurden für einen bestimmten Flußabschnitt vom Eigner der Dschunke bezahlt.

Sie fuhren im vereinbarten Abschnitt auf den Dschunken mit und mieteten die nötige Anzahl Treidler. Vom Deck der Dschunken aus leiteten sie das ganze Unternehmen. Am Ziel angekommen, wurden die Treidler entlohnt und fuhren stromabwärts zum Ausgangsort zurück. Hierbei hatten sie als Ruderer zusätzlich kleine Nebeneinkünfte.

Reisen auf dem Ch'angchiang waren flußaufwärts sehr zeitaufwendig. Zur Hochwasserperiode dauerten sie von Ich'ang bis Ch'ungch'ing 28 bis 30 Tage und während des Sommerwasserstandes sogar 50 bis 60 Tage. Mit Treidlern oder Yülu-Riemen kam man bei ruhigem Wasser weniger als 4 km in der Stunde voran. In einigen ungünstigen Bereichen des Flusses legten die Dschunken weniger als 20 km pro Tag zurück. Flußabwärts benötigten die Boote nur 5 bis 12 Tage, um von Ch'ungch'ing nach Ich'ang zu gelangen. Für eine Schüssel Reis, Bohnen oder ein sehr geringes Entgeld arbeiteten die Treidler von Sonnenaufgang bis Sonnenuntergang. Von Regen oder Schnee durchnäßt oder der prallen Sonne ausgesetzt, hatten sie ein schweres Los. Rhythmische Gesänge, die von Generation zu Generation weitergegeben wurden, erklangen oft bei der schweren Arbeit. Das folgende Treidlerlied aus der T'ang-Zeit (um 800) zeugt von dem harten und elenden Treidlerleben:

Bitter ist es, aufzuwachen nahe bei der Poststation;
Die Beamten heißen mich ihre Schiffe ziehen.
Schwere tage hab ich viel, Freudentage wenig,
Schlafe auf dem Wasser, wate durch den Sand wie eine
Möwe.

Gegenwind, den Strom hinauf, tausend Zentner schwer,
Weit von der Station die Wellen uferlos,
Mitternacht den Deich entlang bei Schnee und Regen –
Nimmt ein anderer das Boot und hetzt zurück.

Kalt die Nacht, die Kleidung naß, der Umhang dünn,
Wund die Brust und wund die Füße, welche
Schmerzen!
Bis es hell wird, keine Zeit, die Qual zu schildern;
Singt ein Treidlerlied beim Gehn, den Schmerz
zu mildern.

Eine Schilfhütte, nicht einen Pfennig wert,
Und das Dorf der Eltern unerreichbar fern –
Drum wünsch ich, dieser Fluß wär festes Land,
Ewig soll kein Treidler mehr dem Himmel grollen.

Wang Chien (Wang Jian) Deutsch von *Rolf Schwarzer*

Des Nachts schliefen die meisten Treidler auf den Decksplanken der Dschunken unter einem Mattendach. Das ist laut Kommentar zu der Originalfassung des Gedichtes mit dem Ausdruck »Schlafe auf dem Wasser« gemeint. Ein kleines Gedicht beschreibt im folgenden die Gefahren beim Durchqueren der Stromschnellen:

Die Stromschnellen hinab

Die wilden Wasser stürzen donnernd hin
an Uferbergen, die voll Affen sind.

Weiße Wogen gischten wie rollender Schnee
durch enge Klippen, die kein Boot besteht.

Den Fährleuten und Fischern zerbrechen hier
beim Staken ihrer Boote zehntausend starke Stangen.

Li T'ai-po (Li Tai-bo)

Bei der Fahrt stand der Lotse achtern, von wo er einen freien Blick über die Deckshäuser hatte. Er beobachtete aufmerksam die Wasseroberfläche und gab dem Dschunkenmeister mit Handzeichen Steuersignale. Der Dschunkenmeister stand neben dem Rudergänger oder selbst an der Ruderpinne. Die Männer am Bugsteuerriemen erhielten ebenfalls auf diese Weise ihre Anweisungen. In der Nähe des Lotsen befand sich auch der Treidlermeister, um die Treidler am Ufer anzuleiten. Hierzu wurde eine Trommel geschlagen, nach deren gleichmäßigem Rhythmus die Treidler sich bewegten. Ein Stoppsignal wurde durch einen kurzen, harten Schlag signalisiert. Die Signale »Langsamer« oder »Schneller« wurden durch verringerten oder beschleunigten Trommelschlag angezeigt. Eine direkte akustische Verbindung war auf die Entfernung und bei dem Tosen des Flusses nicht möglich. Für eine mittlere Dschunke standen 200 bis 300 Treidler zur Verfügung, die nur in ihrem Schleppbezirk vermietet wurden, nach getaner Arbeit zurückfuhren und in Mattenhütten bis zur nächsten Anforderung wohnten. Es kam vor, daß durch die Schleppbelastung ein Mast brach. Um schnell die Strommitte zu erreichen, mußte dann die Schlepptrosse gekappt werden. Gelang es der Dschunkenbesatzung nicht, so kam es sehr leicht zu einer Kollision mit dem Ufer, mit Felsen in Ufernähe oder mit nachfolgenden Dschunken, die getreidelt wurden. Etwa zehn Prozent der geschleppten Dschunken sollen von einem derartigen Unglück betroffen worden sein, das meistens den Verlust des Bootes bedeutete. Durch die unterschiedliche Belastung und Wegführung mußte die Schlepptrosse gegen Felskanten geschützt und auch über Felskuppen geführt werden. Dies geschah durch Unterlegen von Brettern, Rollen oder Seilen. Ein Vorteil der zum Treideln verwendeten Bambustrosse war, daß sie kaum Nässe und somit auch kein zusätzliches Gewicht aufnahm.

In den Schluchten des oberen Ch'angchiang entwickelte sich zum Schutz der Dschunkenbesatzungen lange vor 1900 ein Rettungswesen. Überliefert ist, daß ein reicher Kaufmann, der große Frachtlager im oberen Flußabschnitt besaß, kleine handliche Boote ausrüstete und an den gefährlichen Stellen des Flusses stationierte. Bei Gefahr konnte mit ihnen den Fahrzeugen auf dem Fluß Hilfe geleistet werden. Einer Mitteilung in der Zeitschrift »Globus« von 1901 zufolge wurden hierdurch jährlich Hunderte von Menschen gerettet. Die Grundausstattung dieser privaten Rettungsorganisation wurde später von einer Gesellschaft zur Rettung von Verunglückten übernommen, stark ausgebaut und der Bootsbestand vergrößert. Heute ist das Rettungswesen staatlich. Die verwendeten Rettungsboote sind gut an ihrem hellroten Anstrich zu erkennen. Der Chinese nennt sie Hungch'uan, was im Deutschen »Rotes Boot« heißt. An den hinteren Teilen des Rumpfes befinden sich, vergleichbar mit den Polizei-Dschunken, weiße Scheiben mit chinesischen Schriftzeichen, die über die Heimatprovinz und andere Zuordnungen Auskunft geben. Diese Boote haben ein festes Deckshaus und einen verhältnismäßig hohen Mast mit Segel. Zur besseren Manövrierfähigkeit sind sie zusätzlich mit 4 bis 8 Seiten- und 1 bis 2 Steuerriemen ausgerüstet.

Die Dschunke mit dem »verwundenen Heck«

Auf dem Kungt'anho, der in der Provinz Kueichou entspringt und bei der Stadt Fuling in den Ch'angchiang mündet, war ein äußerlich sehr eigenwilliger Dschunkentyp weit verbreitet. Dies war die Dschunke mit dem sogenannten »verwundenen« Heck. In der chinesischen Literatur wird dieser Bootstyp als Waip'iku bezeichnet, wobei Wai soviel wie »nicht gerade, schräg, krumm« oder »verbogen« bedeutet.

Die Entstehungsgeschichte dieser Dschunke ist eng mit der Stadt Fuling verbunden. Fuling liegt am rechten Ufer des oberen Ch'angchiang und galt als eine schöne Stadt, die bis heute wenig von ihrem Reiz eingebüßt hat. Vor einer Kulisse von Hügeln war sie vom Flußufer in Terrassen bis zu einer Höhe von 300 m gebaut worden. Der Überlieferung nach hatte diese am Berghang gebaute schöne Stadt einen sehr schlechten Ruf. Sie galt als Hochburg des Banditenwesens, des Opiumhandels und des Drogenschmuggels. Alle Formen des Verbrechens sollen hier zu Hause gewesen sein. Scherzhaft sagt man, daß die Einwohner von Fuling wegen des schlechten Gewissens nicht geradeaus sehen konnten. Dies soll der Grund gewesen sein, daß die Dschunken auf dem Kungt'anho alle ein »verwundenes« Heck hatten. Die Sage nennt den zum Gott erhobenen

Zimmermann Lu Pan als Erbauer dieses Dschunkentyps. Lu Pan soll etwa 560 v. u. Z. gelebt haben. Eine heute noch vorhandene Pagode am Flußufer gegenüber von Fuling ist seinem Gedenken gewidmet.

Der Fluß Kungt'anho ist auf einer Strecke von 650 km schiffbar. Allerdings sind auf dieser Distanz 71 Stromschnellen und schwierige Wirbel zu überwinden. Die Strömung des Flusses war sehr schnell. Der schiffbare Abschnitt des Flusses ist in 5 Teilstrecken aufgeteilt. Auf jedem Abschnitt verkehrten Dschunken verschiedener Größe und somit unterschiedlicher Ladekapazität, so daß die Fracht oftmals umgeladen werden mußte. Alle hier benutzten Dschunkenformen und -größen hatten ein »verwundenes« Heck. Die großen Fahrzeuge waren 21 bis 27 m lang, 4,80 bis 5,70 m breit und hatten eine Rumpfhöhe von 1,5 bis 1,8 m. Stromabwärts wurde nur in geringem Umfang Fracht geladen. Somit lagen die Dschunken nicht tief im Wasser. Die kürzere Länge in der Wasserlinie wurde durch den hochgezogenen Bug- und Heckteil noch unterstützt, wodurch schnelle Kursänderungen möglich waren. Stromaufwärts wurde Salz befördert und getreidelt.

Zum Bau der Dschunke wurde ein um Fuling wachsendes Hartholz, das sogenannte Hungch'un, verwendet. Dieses Holz ist besonders biegsam, so daß die Planken in die besondere Form gebracht werden konnten. Zuweilen nutzte man für den Rumpf Ahorn-, für die Querschotte vorzugsweise Zypressen- und für die übrigen Bauteile sowie die Innenausstattung Kiefern- und Fichtenholz.

Der Bau begann, indem etwa 5 Planken verschiedener Länge Seite an Seite auf den Boden gelegt wurden. Da die Planken selten länger als 10 m waren, mußte durch Anlegen und Verlaschen von zusätzlichen Planken das gewünschte Bodenmaß des Rumpfes erreicht werden. Diese Bodenkonstruktion wurde mit dem zu biegenden Teil über ein etwa 1,50 m tiefes Feuerloch gelegt. Die Planken wurden

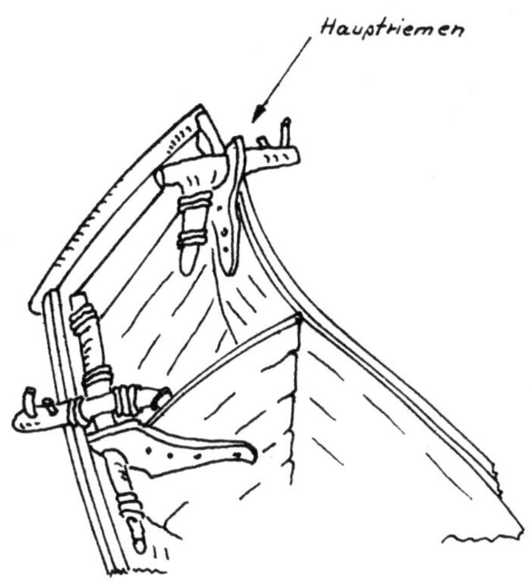

Fig. 16 Innenansicht des Hecks

von unten mit Schlamm belegt und von oben angefeuchtet. Auf die schräg verlaufende Biegelinie wirkte durch geschicktes Feuerlegen die größte Hitze. Die mit Steinen beschwerten, überstehenden Plankenenden erhielten so innerhalb von 2 Stunden die gewünschte Form. Das an der Biegelinie oft splitternde Holz wurde vom Dschunkenbauer solange behandelt, bis es wasserdicht war. Die Bearbeitungsspuren von den Werkzeugen des Dschunkenbauers und auch vom Feuer waren oft an der Dschunke nach Fertigstellung noch gut zu erkennen. Um den geformten Rumpfboden eine genügende Festigkeit zu geben, nagelte man halbierte Baumstämme innen auf die Fugen der Bodenplanken. Diese Stämme bildeten gleichzeitig einen Bilgenkanal. Auf diesen Boden wurden die Querschotte aufgesetzt und mit Eisenkrampen befestigt. Danach wurden die Rumpfseiten aufgeplankt. Um die Fugen möglichst dicht zu bekommen, zog der Dschunkenbauer mit Hilfe von Tauen die Planken zusammen. Erst dann schlug er die Nägel und Krampen ein. Die Nägel wurden im Überfluß und mit großer Sorglosigkeit verwendet. Diese sehr grob ausgeführte Zimmermannsarbeit dichtete man an den vorhandenen Fugen, Rissen und Löchern mit Chunam, dem bereits erwähnten Kitt aus Kalk und T'ung-Öl. Eigenartigerweise gab sich der chinesische Dschunkenbauer keine Mühe, die Fugen oberhalb der Wasserlinie gut abzudichten. Drei Barkhölzer aus längsgespaltenen Stämmen, oft noch mit der Rinde versehen, bildeten den seitlichen Abschluß. Hierbei war das oberste der drei Barkhölzer auch das stärkste. Das Deck war bis etwa 6 m vor dem Heck durchgehend beplankt. Die Decksplanken waren quer zum Rumpf angebracht. In Rumpfmitte befand sich auf dieser Dschunke ein außergewöhnlich großes Deckshaus mit einem halbrunden Dach aus gespaltenem geflochtenem Bambus. Diese Deckshäuser waren höher als auf anderen chinesischen Fahrzeugen und bestanden gewöhnlich aus vier Wohnbereichen für die Besatzung. Der hinten offene Heckteil mit einem tönernen Kochofen in einer Sandkiste diente als Kombüse. Die offene Heckabteilung war durch ein stabiles Querschott vom mittleren Deckshausbereich getrennt. Am Heck verstärkten kräftig gewachsene Kniehölzer die Rumpfinnenseite, auf der sich die beiden mächtigen Heckriemen zum Steuern des Fahrzeuges bewegten. Damit erreichte die Dschunke in den Stromschnellen die nötige Manövriersicherheit. Die Heckriemen konnten auch im seichten Fahrwasser als Wriggriemen benutzt werden. Die Backbordseite des Hecks lag höher als die Steuerbordseite und befand sich mit der höchsten Spitze genau in der Mittelachse der Dschunke. Der lange Hauptriemen hatte auf dem höchsten Punkt des Hecks seinen Drehpunkt. Gewöhnlich war der lange Riemen aus zwei Teilen gelascht. Sein enormes Gewicht wurde durch angebundene Steine am Griffende ausbalanciert. Bedient wurde dieser Hauptriemen zum Steuern durch den Laota, den Dschunkenmeister, von einer schmalen geländerlosen Laufplanke aus, die über dem Deckshaus ent-

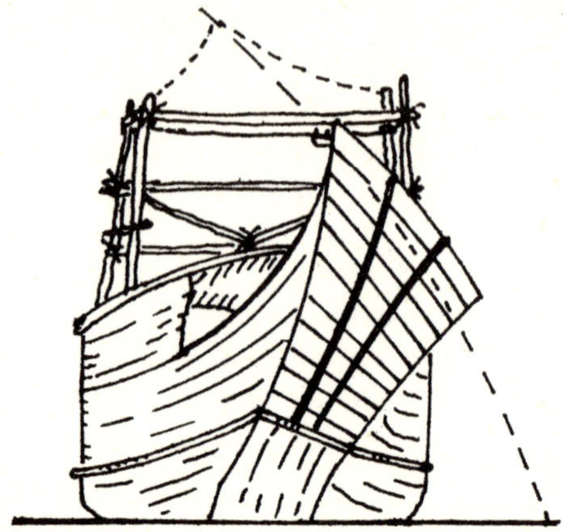

Fig. 17 Heckansicht mit Laufplanke und Andeutung des Hauptriemens

lang lief. Um dem schwankenden Brett wenigstens etwas Halt zu verleihen, war die ganze Konstruktion mit zwei Tauringen, die durch Drehknüppel gespannt waren, ausgesteift. Die oft 6 m und mehr über dem Wasserspiegel liegende sogenannte Steuerbrücke wurde durch die Handhabung des Riemens zusätzlich ins Schwanken gebracht. Mit einem Tau am Griffende des Riemens war die Bewegungsfreiheit bis zum Laufplankenende begrenzt. Auf dieser schwankenden Laufplanke konnte sich der Laota nur mit Hilfe des Riemens halten. Sekunden der Unaufmerksamkeit konnten im unruhigen Fahrwasser über Leben und Tod entscheiden. Wer von dem Riemen in die Stromschnelle gedrückt wurde, hatte den sicheren Tod vor Augen. Unfälle dieser Art waren nicht selten. Unterstützt wurde der Hauptriemen von einem kleinen Seitenriemen, der seinen Auflagepunkt auf der niedrigeren Steuerbordseite des Hecks hatte. Er war etwa 15 m lang. Die eigenwillige Heckform war offenbar dadurch begründet; die beiden Riemen ergänzten sich vorzüglich und behinderten einander nicht. Keine andere chinesische

Dschunke verfügte über eine solche Drehfähigkeit wie die Dschunke mit den zwei Heckriemen. Der große Hauptriemen wurde beim Be- und Entladen ausgehoben und am Rumpf längsseits verlascht. Flußabwärts setzte man zur Erhöhung der Steuerfähigkeit noch einen Bugriemen ein. Sechs bis acht Männer waren zur Handhabung dieses schweren Bugriemens notwendig. Die Mannschaft bestand aus dem Dschunkenmeister, der den Hauptriemen bediente, dem Mann für den Seitenriemen, einem Bugmann mit seinen sechs bis acht Gehilfen (chin.: Hsien ch'üan) für die Flußabfahrt und einem Koch. Nötige Hilfskräfte wurden nach Bedarf gemietet. Manchmal nahm der Dschunkenmeister auch Ruderer an Bord, wenn flußabwärts seichte Abschnitte befahren wurden. Vor den Stromschnellen legte man die Ruderriemen ab und benutzte kräftige Bambusstangen, um das Fahrzeug von den Felsen abzuhalten.

Die Dschunke mit dem verwundenen Heck hatte einen kurzen und kräftigen Mast. Sein Standort befand sich vor dem Deckshaus und somit vor dem Schwerpunkt des Bootes. Er trug beim Treideln selbstverständlich kein Segel; an ihm wurde die Schlepptrosse der Treidler befestigt. Stromaufwärts reisten die Dschunken oft in Gruppen, wurden getreidelt und kamen entsprechend langsam voran. Stromabwärts nahm man in den Schluchten den Mast herunter und laschte ihn außenbords zur größeren Festigkeit und als Fender bei möglichen Felsberührungen fest. Die unteren Abschnitte der Schluchten haben oft senkrechte Felswände, die dem Fluß nur eine schmale Durchfahrt gewähren. Zwischen diesen hohen Felswänden fließt das Wasser mit großer Geschwindigkeit und erreicht stellenweise 15 Knoten, wobei die Strömung des öfteren von einer Seite auf die andere wechselt. Die Schiffsführung in diesem Flußbereich stellt heute noch hohe Anforderungen an den Schiffer, da der Kurs oft abrupt und quer zur Strömung gewechselt und auch in den Wirbeln unterhalb der Stromschnellen gehalten werden muß. Durch seinen hohen Standort konnte der Dschunkenmeister sein Boot und den Flußlauf gut übersehen und rechtzeitig Kommandos an die Männer, die die Seiten- und Bugriemen bedienten, geben.

Ungewöhnliche Wasserverhältnisse haben also ein Wasserfahrzeug hervorgebracht, das dem Erfindergeist der Dschunkenbauer ein glänzendes Zeugnis ausstellt.

Die Mayangtzu (Mayangzi)-Dschunke

Der Prototyp dieser Fluß-Dschunke entstand vor Jahrhunderten in der Stadt Mayang, die am gleichnamigen Fluß, einem Nebenfluß des Yüan liegt. Hier, im westlichen Teil der Provinz Hunan, wurde ein dickleibiger Frachtdschunkentyp gebaut, der Ähnlichkeit mit der Dschunke aus Ch'ungch'ing hatte. Mit dieser Dschunke wurden im oberen Ch'angchiang auch die Schluchten befahren. Dieser Dschunkentyp war in allen wichtigen Flußstädten zwischen Wanhsien und Ich'ang an-

Fig. 18 Mayangtzu (Mayangzi)-Dschunke

zutreffen. In der ersten Hälfte des 20. Jahrhunderts wurde die Mayangtzu-Dschunke noch als das »Arbeitspferd« der Flotte bezeichnet. Von ihren Heimathäfen aus kamen die Besatzungen mit den Dschunken sogar bis nach Shashih in der Provinz Hupei und nach Luchou in der Provinz Szech'uan.

Die zwei charakteristischen Kreuzhölzer am Heck der Mayangtzu-Dschunke überragten die Bordwand um ein Viertel ihrer Länge. Sie dienten zur Befestigung der Schlepptrosse, wenn Fahrzeuge stromaufwärts getreidelt wurden. Solche Kreuzhölzer besaß auch die Paimu-Dschunke, deren Name auf das zum Bau verwendete hellfarbene Zypressenholz zurückgeht. Sie hatten einen faßartigen Rumpf. Das schmale Deck lag höher als bei anderen Dschunkentypen und bot somit in den Stromschnellen einen besseren Schutz gegen Spritz- und Schwallwasser. Ihre robuste Rumpfbauweise mit den drei schweren Barkhölzern gab diesen Schiffen eine große Festigkeit. Die Längen der Mayangtzu-Dschunken schwankten zwischen 12 und 46 m. Als Dampfschiffe eingesetzt wurden, rentierten sich die großen Dschunken nicht mehr. Nun betrug die Länge selten mehr als 34 m. Eine Dschunke von dieser Länge war 6 m breit, hatte eine Rumpfhöhe von 2,5 m, einen Tiefgang von 1,6 m und eine Tragfähigkeit von etwa 100 t.

Trotz der erheblichen Größenunterschiede wurden alle Mayangtzu-Dschunken nach dem gleichen Grundprinzip gebaut. Der Kajütenkomplex unterteilte sich in drei Abschnitte. Hinten war der Dschunkenmeister mit seiner Familie untergebracht. Dann folgte der mittlere, überdachte, aber seitlich offene Abschnitt mit dem Steuerraum, in dem die Ruderpinne endete. Vor dem Steuerraum lag ein weiterer Raum, der für Passagiere zur Verfügung stand. Für den hinteren Abschnitt gab es unterschiedliche Bauformen, so daß gewisse äußere Abweichungen möglich waren. Das Dach des Deckshauses war mit gespaltenem Bambus abgedeckt. Um sich an Bord gefahrlos bewegen zu können, gab es auf beiden Seiten des Daches eine niedrige, leiterartige Brüstung, über die man sicher das Dach besteigen konnte oder die längsseits des Deckshauses als Handlauf diente. Das sehr wirkungsvolle Balanceruder wurde mit der bis über 7 m langen Pinne betätigt. Das Ruderblatt war nicht in der Höhe verstellbar und schmiegte sich an die Heckform an. Vor dem Großmast befand sich das Ankerspill. Diese Dschunken besaßen bis zu drei Masten, wobei der Besanmast nicht oft gefahren wurde. Die Segel waren relativ hoch am Mast angebracht und hatten ein schwach geschwungenes Achterliek. Von weitem sah das lange Kajütendach glänzend dunkel aus. Das häufige Tränken mit T'ung-Öl brachte diesen Farbton hervor.

Die bereits erwähnte Paimu-Dschunke beförderte wie die in Szech'uan und Shashih beheimateten Boote Baumwollstoffe, Nankingstoffe, Salzfisch und Salz. Auf dem Yüan-Fluß und dem Tungt'ing-See transportierten sie hauptsächlich Öl, Papier, Reis und Kohle. Ihre Ladefähigkeit betrug 600 bis 1000 Picul (36 bis 60 t). Kleine Dschunken bis etwa 14 m Länge hatten eine Ladefähigkeit von 18 t. Die Stammbesatzung bestand aus 8 bis 13 Mann. Hierzu gehörten der Dschunkenmeister mit Familie, ein Proviant- und Zahlmeister, zwei Staumeister, die den Laderaum in Ordnung zu halten hatten, zwei Quartiermeister, ein Steuermann, ein Koch, vier Matrosen und für bestimmte Flußabschnitte ein Treidlermeister. Ging die Fahrt stromaufwärts, so mietete der Treidlermeister je nach Wasserstand, Saison und Streckenverlauf 70 bis 100 Treidler, die die Dschunke durch die Schluchten zogen. Je nach Dringlichkeit der Fahrt stromabwärts wurden 10 bis 100 Männer für die Riemen gemietet. 10 Mann bedienten einen Yülu-Riemen, um durch Wriggen einen guten Vortrieb zu erreichen. Die Gesamtzahl der Seitenriemen lag selten über 10 und die Länge der einzelnen Riemen betrug etwa 11 m.

In ihrem gesamten Einsatzgebiet hatten die Mayangtzu-Dschunken neben vielen Gemeinsamkeiten, wie zum Beispiel den Kreuzhölzern und dem Balanceruder, auch einige Unterschiede. So wiesen die Formen der Luken, die Brüstungen, die Türen oder die Gestaltung der Masttoppen bei den Booten der verschiedenen Heimathäfen unterschiedliche Merkmale auf. Die Masttoppen wurden zum Beispiel in einem Ort mit roten oder im anderen Ort mit schwarzen Lackmalereien dekoriert und die Boote ließen sich danach lokalisieren.

Eine weitere Dschunke, die die unteren Schluchten und die Strecke bis zur Stadt Shashih befuhr, war die Ich'angmayangtzu-Dschunke. Sie besaß nur einen Mast mit einem Segel und war selten über 25 m lang. Der augenfälligste Unterschied zum Mayangtzu-Grundtyp war die Heckgalerie hinter der Kajüte des Dschunkenmeisters. Sie war eine Variante der Shouk'oumayangtzu-Dschunke, die in Ich'ang gebaut wurde. Wollte man die Dschunke des Nachts vor Anker legen, so wurden spitze Stangen von 6 bis 7 m Länge auf der Flußseite direkt am Rumpf senkrecht in den Grund getrieben. Die Stangen hielten die daran festgemachte Dschunke vorne und achtern fest, ähnlich einem Anker. Trotz Wasserstandsänderungen und Strömungen konnte sie sich so nicht drehen oder abgetrieben werden. In den Häfen lagen alle Dschunken meistens längsseits mit dem Bug an der Kaimauer vertäut. Diese Art der Vertäuung ist heute noch üblich. Eine andere Art, die sich auch bis heute erhalten hat, ist ebenfalls auf historischen Aufnahmen und Darstellungen zu sehen. Die Dschunke legte sich mit dem Bug stromaufwärts und ankerte mit dem Buganker in der Uferböschung. Um das Aufsetzen am Ufer zu verhindern, wurde an der Flußseite in Höhe des Hecks eine Stange in den Grund gerammt und die Dschunke daran befestigt. So hatte sie einen sicheren Liegeplatz, und die Besatzung konnte sich bei Einbruch der Dunkelheit getrost zur Ruhe begeben.

Während diese Dschunken für den Transport von Frachten und weniger für die Personenbeförderung gebaut wurden, verwendete man speziell für Fahrgäste eine andere Variante, die für diesen Zweck anders ausgerüstet war. Dies war die Mayangk'uatzu-Dschunke. Bevor dieser Bootstyp entwickelt worden war, war es für Reisende, meistens Kaufleute aus Szech'uan sowie kaiserliche Beamte auf Inspektionsreisen, ein mühe- und gefahrvolles Abenteuer, durch die Schluchten zu fahren. Die Reise-Dschunken boten einen gewissen Komfort. Für hohe Beamte sollen die Ausstattungen sogar prunkvoll gewesen sein. Die Kajüten waren oft mit farbigen Malereien dekorativ gestaltet. Bei Nichtauslastung wurde natürlich immer etwas Fracht befördert. Die Dschunken waren zwischen 21 und 30 m lang, sowie 4,5 bis 7 m breit. Damit lag ihre Ladefähigkeit bei 20 bis 35 t. Die Mayangk'uatzu-Dschunke war mit einem Bugsteuerriemen ausgestattet, mit dem in den Stromschnellen ein besseres und sicheres Manövrieren möglich war. Das Heckruder war wie üblich ein Balanceruder für Flachwasserfahrten. Mit einem Segel ausgerüstet, stand der Mast weiter vorn als üblich. Bis an den Mast erstreckte sich die lange Kajüte, deren Länge etwas mehr als die Hälfte des Rumpfes betrug. Das Versetzen des Mastes und die Verlängerung der Kajüte dienten lediglich der Vergrößerung des Passagierbereichs. Eine Reise von Ich'ang nach Ch'ungch'ing dauerte während des Winterhochwassers bis 35 Tage. Eine Reise-Dschunke fuhr um einige Tage langsamer als eine Fracht-Dschunke, da sie sehr vorsichtig und bei Tage erst nach den Fracht-Dschunken die Stromschnellen passierte. Eine solche Dschunke konnte von Reisenden komplett mit Mannschaft gemietet werden.

Neben dem Laota, einem Diener und einem Koch bestand die Mannschaft aus 25 Ruderern oder Treidlern. Reiche Passagiere benutzten auch flußabwärts Reise-Dschunken. Jene, die mit ihren Mitteln rechnen mußten, mieteten flußabwärts einen Wupan, was wörtlich »5 Bretter« bedeutet. Dieser Bootstyp war größer als ein Sampan (Sampan = 3 Bretter), aber kleiner als eine Dschunke. Ein Wupan von 12 bis 18 m Länge wurde in Ch'ungch'ing ohne viel Aufwand aus altem Holz gebaut, bei seiner Ankunft in Ich'ang aber abgewrackt und als Feuerholz verkauft. Mit einem Wupan dauerte die erwähnte Reise flußabwärts 3 bis 4 Tage. Der Rekord lag bei 2 Tagen und 15 Stunden, wobei über die gefahrenen Stunden am Tag keine Angaben vorliegen. Auf Grund ihrer Schnelligkeit nutzte man die Wupan auch zur Postbeförderung. Flußaufwärts beförderten Kuriere die Post auf dem Landweg.

Im Jahre 1900 befuhr der Dampfer LEECHUAN mit dem Sommerhochwasser erstmals den Ch'angchiang flußaufwärts. Schiffsführer und Eigner war der englische Kaufmann Archibald Little. Sein Dampfer wurde über die Stromschnellen getreidelt und benutzte zwischendurch den eigenen Antrieb. Noch im gleichen Jahr passierten die britischen Kanonenboote WOODCOCK und WOODLARK ebenfalls diesen Flußabschnitt bis nach Ch'ungch'ing. Später folgte ihnen der Handelsdampfer PIONEER, der in England konstruiert und in Shanghai gebaut wurde. Er machte auf Chinas größtem Fluß seine Jungfernfahrt. Eine regelmäßige Dampfschiffahrt kam im Bereich der Schluchten noch später als auf dem Flußabschnitt unterhalb Ich'ang in Gang. Erst 1926 nahmen modernere Passagierdampfer den regelmäßigen Verkehr durch die Schluchten auf. Flußaufwärts benötigte man nun mit moderner Antriebstechnik durch den Schluchtenbereich bei nächtlichen Ankerpausen nur noch 3 Tage und flußabwärts nur 1,5 bis 2 Tage. Dieser Anfang der Dampfschiffahrt durch die Schluchten war zugleich das Ende der traditionellen Reise-Dschunken im oberen Flußabschnitt. Die Dschunken hielten dem Konkurrenzkampf mit den schnelleren Dampfern nicht stand. Das alte Sprichwort, es soll aus einem chinesischen Gedicht von Li T'ai-po sein, hatte seine Gültigkeit verloren:

»Der Weg nach Szech'uan ist schwer,
noch schwerer als der zum blauen Himmel hinauf.«

Eine andere Reise-Dschunke war bis zu dieser Zeit die Mayangpakan-Dschunke. Ihre Länge variierte zwischen 18 und 37 m. Mit 4 bis 6,5 m Breite und nur 1,2 bis 1,5 m Rumpfhöhe war sie trotzdem komfortabel ausgestattet. Ihr stark gewölbter Rumpf war mit drei Barkhölzern an jeder Seite verstärkt. Um mit diesem flachen Fahrzeug die Stromschnellen passieren zu können, waren Heck und Bug auffallend hochgezogen. Die kleineren Fahrzeuge hatten nur in der Rumpfmitte einen Mast mit Segel. Größere besaßen zusätzlich weit vorn am Bug noch einen Fockmast. Diese Bauweise hatte außerhalb der Schluchten ihre Vorteile. Mit dem flachen Rumpf und dem hochgezogenen Bug konnte man gut die schilfbewachsenen Kanäle des Tungt'ing-Sees und die unteren Zuflüsse des Sees befahren. Auf dem hochgezogenen Bug hatte der Lotse für schwierige Fahrbereiche auf einer Plattform seinen Ausguck. Unterhalb der Plattform befand sich die Pforte für den Bugriemen. Wriggriemen und Ankerstangen lagerten auf den überstehenden Enden der Decksbalken. Die Inneneinrichtung der Passagierkabinen war ebenfalls mit Malereien in rotem und schwarzem Lack verziert. Aufrollbare Bambusjalousien verkleideten die Wände. Die Kabinen waren mit Schnitzwerk verziert und die Fenster mit kunstvoll geschnitzten hölzernen Gittern versehen. An den Bordwänden entlang verlief außen eine Laufplanke für die Besatzung, da die Kabinen bis zur Bordwand reichten. Für die Unterbringung möglichst vieler Passagiere nutzte der Dschunkenmann die gesamte Decksbreite. Die Haupteinsatzgebiete der Mayangpakan-Dschunke waren die Flüsse in der Provinz Hunan und der Tungt'ing-See. Sie befuhr, wie bereits erwähnt, auch die Ch'angchiang-Schluchten und war ebenfalls in der Stadt Hank'ou bekannt.

Ein Hunan-Kaufmann, der Geschäfte in Ch'ungch'ing aufnahm, soll der Sage nach die erste Mayangtzu-Dschunke gebaut haben. Sie bewies ihre Überlegenheit besonders auf den schluchtenreichen Flußabschnitten des Ch'angchiang. Aus der Provinz Hunan ist eine Redensart überliefert:

»Keiner außer einem Hunan-Zimmermann
kann eine getreue Mayangtzu bauen.«

Um 1911 verschwanden diese interessanten Dschunkentypen, von denen heute nur noch vereinzelt Modelle und Beschreibungen vorhanden sind. Die Dampfschiffahrt hatte sie verdrängt.

Das Drachenboot

Das Drachenbootfest ist eines der interessantesten Ereignisse im traditionellen chinesischen Kalender. Man könnte es heute vielleicht mit modernen Regatten in Europa und Amerika vergleichen. Die Tradition dieses Festes entstand im 3. Jahrhundert v. u. Z. und hat folgenden geschichtlichen Hintergrund:

Der Minister Ch'ü Yüan riet dem Fürsten Huai von Ch'u, zu einem Treffen mit dem König von Ch'in zu seinem Schutz ein bewaffnetes Gefolge mitzunehmen. Der Fürst hörte nicht auf diesen Rat und wurde gefangengenommen. Unter dem Nachfolger von Huai fiel Ch'ü Yüan in Ungnade. Aus Gram darüber, wie schlecht seine Treue belohnt wurde, stürzte er sich in den Milo-Fluß. Der Milo ist ein kleiner Zufluß zum Tungt'ing-See in der heutigen Provinz Hunan. Im Jahre 278 v. u. Z., wenige Jahre nach dem Tode des Ministers, wurde die Ch'u-Hauptstadt von den Ch'in-Truppen gestürmt und der Nachfolger des Fürsten Huai von den Ch'in besiegt. Da Ch'ü Yüan im Volk sehr beliebt war, suchte man seit dieser Zeit mit Booten nach seinem Leichnam. Die Drachenbootfeste sind eine Fortführung dieser Tradition.

Das Drachenbootfest findet nach dem chinesischen traditionellen Kalender am 5. Tag des 5. Monats zum Andenken an den beliebten Staatsmann statt. Zum Festbrauch gehört unter anderem das Füttern der Fische im Fluß, damit sie den Leichnam des Ch'ü Yüan unbehelligt lassen.

Heute finden in ganz Süd- und Südostasien traditionelle Bootsfahrten mit festlicher Umrahmung statt, in den letzten Jahren sogar mit internationaler Beteiligung. Viele Elemente des Kulturgutes fließen hier mit ein. An diesem Tage werden auch zu Ehren von Lung Wang, dem Drachenkönig im Kultsystem der Flußgötter, Bootsrennen veranstaltet. Oft sind die Boote Eigentum von Tempeln und stellen einen großen Wert dar. Nach dem Drachenbootfest werden sie abgerüstet und eingegraben, um im nächsten Jahr wieder hervorgeholt zu werden. Für das Fest erhalten sie eine neue Bemalung. Der Drachenkopf für den Bug sowie der Fisch- oder Drachenschwanz für das Heck werden aufgesetzt und alle nötigen Vorbereitungen zur Regatta getroffen. Die Seiten des Bootsrumpfes mit gemalten oder geschnitzten Schuppen stellen den Drachenkörper dar. Die Drachenboote oder Lung-ch'uan sind besonders schlank gebaute Fahrzeuge. Einige Forscher wollen hier die Vorläufer der malayischen Prau sehen (malayisch: perahu bedeutet schmal). Die Prau ist ein etwa 12 m langes Auslegerboot mit hochgezogenem bogenförmigem Bug und Heck und mit einem Lateinsegel ausgerüstet. Die Rennen der Drachenboote finden meistens auf breiten Kanälen oder in Flußmündungen statt. Sie werden in der Regel über eine Distanz von einer Meile mit dem Strom und im Beisein Tausender Schaulustiger ausgetragen, die durch lautes Schreien die Besatzungen anspornen.

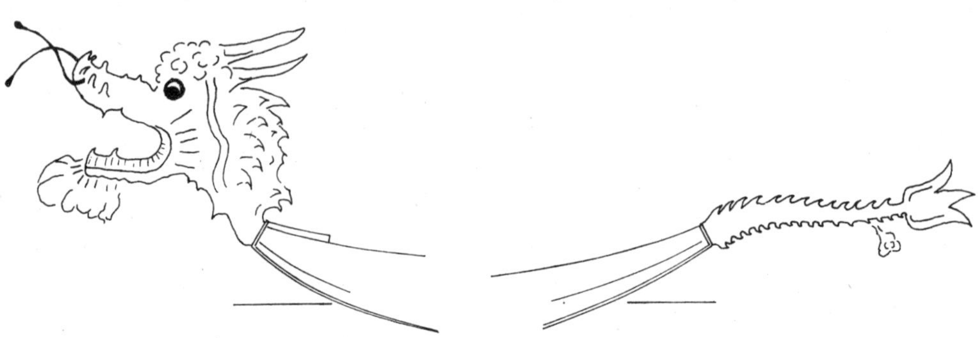

Fig. 19 Bug- und Heckschmuck eines Drachenbootes

Die meisten Drachenboote sind etwa 18 bis 22 m lang, etwa 1 m breit und besitzen einen Tiefgang bis 0,6 m. Ein 18 m langes Boot wird von 36 paarweise sitzenden Ruderern vorwärtsbewegt. Als Baumaterial dienen Tannen- oder Fichtenstämme. Die bearbeiteten Stämme in der Länge des Rumpfes werden auf eine Bodenplanke aufgesetzt. In die Bodenplanken werden Sponungen geschlagen, in die man beidseitig jeweils drei genutete Tannenholzplanken als Bordwände setzt. Die nötigen Querschotte werden ebenfalls in Sponungen der Bodenplanke und der seitlichen Stämme mit aufgesetzten Tannenholzplanken eingesetzt. Ein Bambusseil, am Bug und Heck um den Rumpf gelegt und fest mit einem Knebel verdrillt, gibt der Konstruktion die nötige Längsfestigkeit. Auf schmalen Plattformen haben der Bootsmann, der Flaggenträger, der Trommler und andere zur Zeremonie gehörende Personen ihren Platz. Die Bootsleute jeder Besatzung sind unterschiedlich mit bekannten Symbolen geschmückt.

Ähnliche Drachenbootfeste finden an der Ostküste der Inselrepublik Singapur, zum Ende der Regenzeit in Südlaos, am Mekong und zum Tet-Fest auf dem Bay Mau-See in Hanoi sowie in Thailand statt.

Ein Drachenbootfest mit vielen Besonderheiten ist von den Miao bekannt. Das Miao-Volk wird in chinesischen Geschichtswerken schon in der Zeit vor 3500 Jahren erwähnt. Insgesamt wird seine Zahl heute mit 3 Millionen, die in 5 Provinzen Chinas leben, angegeben. 45000 Miao sind an den Ufern des Ch'ingshui im Südosten der Provinz Kueich'ou ansässig. Jedes Jahr feiern sie als einen wichtigen Höhepunkt das Drachenbootfest. Die Mädchen tragen zu diesem Anlaß silbernen Haarschmuck in Drachengestalt und Kleidung mit gestickten oder gewebten Drachenmotiven.

Die Drachenboote der Miao sind schnittig gebaut und farbenfreudig bemalt. Der Körper des Drachen wird durch drei Kanus gebildet, ein großes und zwei kleine, die miteinander verbunden sind. Der rot, blau oder gelb bemalte Drachenkopf wird aus dem Holz einer Weidenart geschnitzt. Er ist über zwei Meter lang und mit einem Paar langen Hörnern geschmückt. Das Miao-Drachenboot mißt etwa 25 m. Entlang des Flusses gibt es in jedem beteiligten Dorf ein spezielles Haus für die Aufbewahrung des Bootes. Offiziell wird das Fest der Miao vom 24. bis zum 27. Tag des 5. Monats nach dem traditionellen Kalender gefeiert.

Nach den lokalen Gewohnheiten dürfen die Dorfbewohner ihre Boote schon vom 16. Tag dieses Monats Monats an zu Wasser lassen. Vorbedingung ist aber, daß sie mit dem Jäten ihrer Reisfelder fertig sind. Das frühe Erscheinen der Boote auf dem Fluß ist ein Zeugnis für den Fleiß bei der Feldarbeit. Die emsigen Miao-Bauern betrachten es als Schande, wenn bis zum Drachenbootfest die Arbeit auf den Reisfeldern noch nicht abgeschlossen ist. Während des Festes besucht man Freunde und Verwandte. Hierbei werden Reiswein und Tsungpa, Klöße aus klebrigem Reis, mitgenommen. Verheiratete Frauen bringen ihren Eltern Geschenke. Vor dem Start des Bootes singt jemand ein Lied, das den Bootsleuten Glück bringen soll. Auf jedem Boot fährt, auf dem Drachenhals sitzend, ein weiser alter Mann mit. Er ist immer der angesehenste Mann im ganzen Dorf. Ein langes Gewand und eine Mandarinjacke kennzeichnen ihn als den Ranghöchsten an Bord. Der alte Mann gibt die Befehle für die Mannschaft, da er vom Bug aus einen guten Überblick über das Geschehen auf dem Wasser hat. Zehnjährige Kinder führen die Trommel- und Gongschläge aus. Sie tragen blaue Jacken und Hosen, mit Silberornamenten bestickte Bänder um die Hüften und verzierte Hüte. Man sagt, daß die Hüte ursprünglich Mitgiftgeschenke der Miao-Mädchen vom Oberlauf des Flusses waren. Jetzt sind sie unentbehrliche Bestandteile des Kostüms der Drachenbootruderer zum festlichen Anlaß.

Das Drachenbootfest der Miao findet nicht zur gleichen Zeit wie bei den Han statt. Hinzu kommt, daß das Fest der Miao eigene Tradition wahrt. Anders als bei den Han, die einen Ruderwettbewerb veranstalten, benutzen die Miao diese Gelegenheit zum Besuch von Freunden und Verwandten. Früh am Morgen legen die jungen Leute mit den Drachenbooten ab. Erreicht man das nächste Dorf am Flußlauf, so feuert man Gewehrsalven ab, um die Ankunft anzukündigen. Die Dorfbewohner erwidern ihrerseits diese Schüsse mit einem Feuerwerk und begeben sich zur Begrüßung an das Ufer. Sie bieten jedem der Ruderer Reiswein an, überreichen Geschenke und hängen bunte Seidenbänder an den Drachenkopf. Die heutigen Geschenke bestehen aus Enten und Gänsen. Die traditionellen Geschenke für Schwiegersöhne, Onkel und Neffen waren früher Schweine und Schafe. Am Spätnachmittag wird irgendwo am Ufer angelegt und gemeinsam gefeiert.

Es herrscht der Glaube, daß Speisen vom Drachenboot vor Bösem schützen und eine gute Zukunft bringen. Vorbeikommende Frauen und Kinder erhalten aus diesem Grunde von den Ruderern etwas Eßbares, wenn sie darum bitten.

Die Polizei-Dschunke

Für militärische oder polizeiliche Zwecke bestimmte Wasserfahrzeuge gab es in China schon vor sehr langer Zeit. So haben zum Beispiel die Polizei-Dschunken bei der Bekämpfung der Flußpiraten eine große Rolle gespielt. Die letzte Epoche dieser P'aoch'uan, das in der wörtlichen Übersetzung eigentlich Kanonenboot bedeutet, beginnt im chinesischen Kaiserreich nach dem Ende des T'aip'ing-Aufstandes 1865. Etwa seit dieser Zeit bis zum Ende des Kaiserreiches 1911 operierte auf dem Ch'angchiang eine Flottille von zahlreichen Polizei-Dschunken. Um 1892 wurde der Flußpolizeidienst reorganisiert, da wahrscheinlich eine gewisse Eindämmung des Piratentums gelungen war. Der Schwerpunkt verlagerte sich mehr auf den Zolldienst und auf die Bekämpfung des Schmuggels. Nach dem T'aip'ing-Aufstand ging der Seezoll in die Hände europäischer Kolonialmächte über, die das zur Bedingung für ihre Hilfe gemacht hatten. Der Flußzoll gewann für China somit die größere Bedeutung. Die wichtigste Einnahmequelle war der Salzzoll.

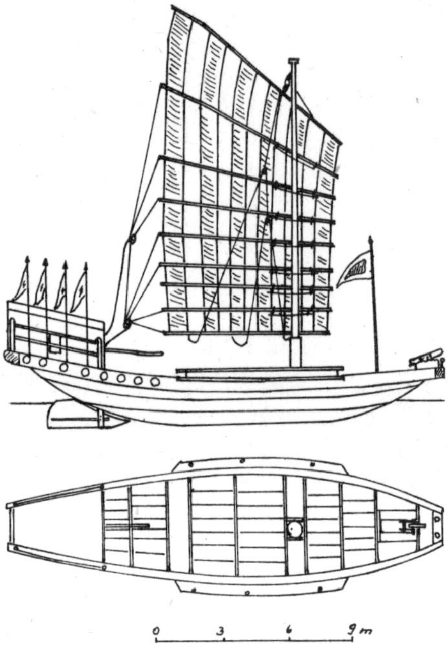

Fig. 20 Polizei-Dschunke

Die Größe und Form der Polizei-Dschunken war recht unterschiedlich. Sie entsprach dem Patrouillengebiet und den speziellen Aufgaben der Fahrzeuge. Von kleinen Rudernachen, die mit zwei Polizisten besetzt waren, bis zur großen segelbestückten Dschunke mit einem Geschütz, gab es je nach Einsatzgebiet und Aufgabe unterschiedliche Größen. Die Bauformen wurden den örtlichen Bedingungen angepaßt. Die größeren Fahrzeuge aus der Provinz Hunan waren Flachwasserboote, Feihsieh genannt, was gleichbedeutend mit »Pantoffel der kaiserlichen Konkubine« ist. Mit etwas Phantasie erkennt man im Längsriß die Form eines Pantoffels. Als Bauholz dienten Fichte, Tanne und Zypressenarten. Von diesen breiten und flachen Dschunken wurden die letzten etwa um 1900 in I'chang gebaut. Sie waren etwa 14,5 m lang, 3 m breit und hatten eine Rumpfhöhe von etwa 0,9 m. Die Feihsieh konnten sich noch in 25 cm flachem Wasser bewegen und waren mit einem großen Flachwasserruder ausgerüstet. Zur Fortbewegung besaßen diese Polizei-Dschunken ein Segel und fünf Paar Riemen. Der Mast hatte seinen Platz etwas vor der Bootsmitte, so daß drei Paar Riemen vor und zwei Paar Riemen hinter dem Mast plaziert waren. Die Besatzung bestand aus 10 Ruderern, einem Steuermann und einem Bootsführer. Die Polizisten trugen rote Westen, die je ein weißes kreisförmiges Feld auf Brust und Rücken hatten, in dem die militärische Einheit in chinesischen Zeichen vermerkt war. Ergänzt wurde die Uniform durch blaue Hose und einen Szech'uan-Turban. Der Platz des Bootsführers befand sich in einem kleinen Deckshaus am Heck der Dschunke. Das Deckshaus war von einer schmalen Galerie mit hölzerner Reling umgeben. Auf dieser Galerie lagen für den Bedarfsfall verschiedene traditionelle Stangenwaffen, die noch bis 1892 in Gebrauch waren. Auch große dreieckige Flaggen mit Schriftzeichen und gelbem gezacktem Rand hatten hier ihren Platz. Eine schmale Laufplanke führte, dem Deckstrak folgend, an den Außenseiten des Rumpfes von der Galerie nach vorn. Die Kombüse lag in einem engen Verschlag vor dem Mast und war durch ein umschließendes Süll geschützt. Mittschiffs befand sich das niedrige Mannschaftsquartier. An jeder Seite des Vorschiffs dienten zwei senkrechte Pfosten als Poller zur Befestigung der Festmacher. Zwei-, vier- oder mehrarmige Draggen gehörten ebenfalls zur Ausrüstung. Auf dem Vorschiff stand häufig eine Kanone von kleinem bis mittlerem Kaliber. Eine einfache europäische Holzlafette oder ein chinesisches Balkengestell, in dem das Rohr verzurrt war, diente als Unterbau für das Geschütz. Seine Hauptwirkung dürfte wohl eine rein moralische gewesen sein. Trotzdem verdankt die Polizei-Dschunke diesem Geschütz ihre Bezeichnung Flußkanonenboot. Das blau-weiß gestreifte Baumwollsegel war hochrechteckig an einer geneigten Rah befestigt. Das Achterliek war im oberen Drittel geringfügig abgerundet. Vermutlich kennzeichneten die blauweißen Streifen des Segels die Polizei-Dschunken. Die zeltartigen Leinwanddächer wiesen ebenfalls dieses Muster auf. Das Leinwanddach war über eine zwischen den Mast und das Kabinendach eingebundene Bambusstange gelegt und seitwärts abgespannt. Das Schutzdach konnte geöffnet werden, wenn die Dschunke vor Anker lag. An beiden Seiten des Hecks waren runde, weiße Holzscheiben mit Schriftzeichen befestigt. Derartige Holzscheiben besaßen auch die kleinen Rudernachen. Die wörtliche Übersetzung der Schriftzeichen auf den Polizei-Dschunken wird in einer nachfolgenden Tabelle gegeben.

	Transkription Wade/ Giles	neue amtl.	wörtlich	Bedeutung
湖	hu	hu	See	nördlich vom See = Name der Provinz
北	pei	bei	Norden	Hubei
長	ch'ang	chang	lang	langer Fluß = Name des
江	chiang	jiang	Strom, Fluß	Flusses Ch'angchiang
水	shui	shui	Wasser, Fluß	Flußpolizei
警	ching	jing	Polizei	
大	ta	da	groß	
隊	tui	dui	Abteilung, militär. Einheit	Bataillon
砲	p'ao	pao	Kanone, Geschütz	Kanonenboot
船	ch'uan	chuan	Schiff, Boot	

Ich'ang war von 1892 bis 1911 der Basishafen einer Flottille der Shuipaochia, der Wasserschutzpolizei. Die staatlichen Wachboote kontrollierten den Abschnitt von den Ch'angchiang-Schluchten im Westen bis zur Stadt Shashih im Osten des Flußlaufes. Diese bewaffnete Truppe konnte das Piratenunwesen zwar nicht beseitigen, es hat jedoch bei dessen Einschränkung Beachtliches geleistet. Wie man mit den ergriffenen Piraten umging, verdeutlicht anschaulich ein Erlebnis, das der deutsche Maler und Weltreisende Professor Eduard Hildebrandt während seiner Weltreise 1862 bis 1864 hatte:

»Es war eine grell bemalte Polizei-Kriminalgerichts-Dschunke, die an der Spitze einen Galgen, zwei Pfeiler mit einem Querbalken, mitführte. Zwei Hakenseile und eine Bambusleiter am Galgen ermöglichten die Hinrichtung von Verbrechern ohne Verzug. Die Besatzung war mit Luntenflinten ausgerüstet...« Die Möglichkeit der öffentlichen Hinrichtung war besonders abschreckend und verfehlte bestimmt nicht ihre Wirkung zur Einschüchterung der Piraten.

Über chinesische Geschütze

Wie allgemein bekannt ist, gelten die Chinesen als Erfinder des Schießpulvers. Allerdings wurde das Pulver zunächst für Feuerwerkszwecke, für militärische Spreng- und Rauchsätze sowie für Raketen verwendet. Eine Rohrartillerie wie im Militärwesen Europas war im alten China dagegen nicht in Gebrauch, auch wenn überliefert ist, daß Kanonen bereits in der Sung-Dynastie vorhanden waren. Erst im 16. Jahrhundert lernten die Chinesen Kanonen an Bord der portugiesischen Schiffe kennen. Größere Kanonengießereien entstanden in China erst unter Anleitung von Europäern. Das Geschützwesen Chinas entwickelte sich nach dem Beispiel Europas seit dem 18. Jahrhundert. Die auf den Polizei-Dschunken eingesetzten Geschütze waren meistens englischer oder französischer Herkunft. An ein Einheitskaliber oder gar an eine Vereinheitlichung des Geschützwesens war überhaupt nicht zu denken. Völlig unzureichend waren die Lafetten. Da die ersten chinesischen Geschützrohre keine Schildzapfen besaßen, lagerten sie auf einer Art Schlitten aus verbolzten sich kreuzenden Kanthölzern und wurden mit Seilen befestigt, um den Rückstoß abzufangen. Auf den Polizei-Dschunken eingesetzte Rohre lagerten in groben Nachbildungen europäischer Wagenlafetten. Diese Lafetten hatten aber keine Räder. Sie standen mit ihren Unterkanten flach auf Deck und vollführten beim Abschuß unberechenbare Bewegungen. Es gab auch fest auf Deck verankerte Lafetten, deren Rückstoß vom gesamten Schiff aufgenommen wurde. Gerichtet wurde das Geschütz dann notgedrungen mit dem ganzen Fahrzeug, da ein Richten wegen des festen Einbaus und der Verankerung der Lafette nicht möglich war. Als Geschosse nahm man eiserne Vollkugeln, Bleistücke, Kettenglieder und ähnliches Material, letztere als Kartätschladung. Die Geschütze flößten allein durch ihr Vorhandensein Angst ein. Oft genug wurde von der Geschützmannschaft das Abfeuern der Ungetüme mehr gefürchtet als vom Feind. Das chinesische Pulver bestand aus den drei üblichen Materialien Salpeter, Schwefel und Holzkohle. Nach Ansicht der chinesischen Pyrotechniker bestimmt der Schwefelanteil die Wirkung des Pulvers. Weniger Schwefel ergab ein Pulver mit schiebender Wirkung, und mehr Schwefel erzeugte Pulver mit zerreißender Wirkung. Letzteres wurde somit für Bomben und Sprengsätze verwendet. Gewöhnlich bestand das Geschütz- und Gewehrpulver aus 90% Salpeter und 10% Schwefel. Holzkohle wurde von jedem Pyrotechniker nach Gutdünken zugefügt. Die Holzkohle erhielt man durch Brennen von Weidenholz, Fichtenholz, Birkenwurzeln, Eierpflanzenstengeln, Bambuswurzeln oder -blättern. Oft wurden Bambusblätter verwendet. Das Pulver war nicht verdichtet und kaum oder nur schlecht gekörnt. Es wurde in Kartuschenbeuteln aus geflochtenem, getrocknetem Gras aufbewahrt und mit diesen Beuteln auch geladen. Beim Abschuß verbrannte der Kartuschenbeutel im Rohr.

Blankwaffen oder auch Luntenschloßgewehre, sogenannte »Vogelpistolen«, gehörten zur Bewaffnung der Besatzung solcher Polizei-Dschunken. Die Zielgenauigkeit der Gewehre war nur gering. Sie konnte durch den meist geringen Zielabstand wieder ausgeglichen werden. Die am Heck der Polizei-Dschunken aufgestellten Stangenwaffen hatten kaum eine praktische Bedeutung. Sie waren mit ihren zum Teil phantastischen Formen mehr Rangabzeichen der Polizisten, der offiziellen Regierungsvertreter. Allerdings führten auch die Dschunken der Piraten bald solche Stangenwaffen, um die Polizeiboote zu täuschen.

Die Kan (Gan)-Dschunke

Der P'oyang-See gehört zu den bedeutendsten Wasserreservoiren in China. Er befindet sich am Unterlauf des Ch'angchiang in der Provinz Chianghsi und ist durch einen Kanal mit Chinas Hauptfluß verbunden. Mit einer Fläche von 2700 km^2 übertrifft er um ein Vielfaches die Größe des Bodensees. Der Wasserstand schwankt im Wechsel der Jahreszeiten. Im Sommerhalbjahr ist der See etwa 20 m tief. Im Winterhalbjahr verbleiben nur wenige Meter mit vielen Untiefen. Einzig der Verbindungskanal ist für die heimischen Bootsgrößen durchgehend zu befahren. Durch die wasserreichen Zuflüsse, zum Beispiel den Hsinchiang oder den Kanchiang, hat dieses Wassersystem eine große Bedeutung für die Regulierung des unteren Ch'angchiang.

Die meisten Dschunken, die auf dem See verkehren, sind auf den zahlreichen Zuflüssen beheimatet. Ihre Bauformen unterscheiden sich von denen anderer Dschunken. Der Engländer J.E. Spencer, der 1934 bis 1936 als

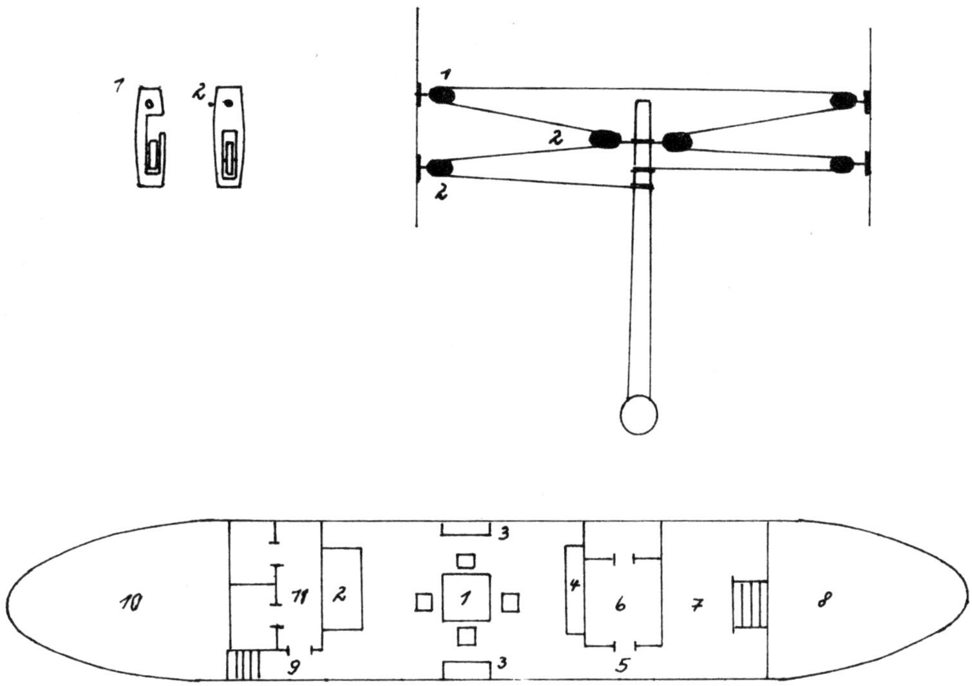

1 Tisch mit 4 Stühlen
2 Opiumsofa aus Rohrgeflecht
3 Sitzbänke an den Fensterwänden
4 Holzbord
5 Verbindungsgang
6 Vorzimmer ohne Türen
7 Vorratsraum mit Stufen zum Vordeck
8 Vordeck
9 Verbindungsgang mit Stufen zum Achterdeck
10 Überdachtes Achterdeck mit den Wohnräumen der Mannschaft und des Eigners
11 drei Hinterzimmer

Fig. 21 Kan (Gan)-Dschunke als Reiseboot mit Ruderpinne

Inspektor in China tätig war, nennt sechs bis acht Hauptgruppen und möglicherweise fünfzehn bis achtzehn Mischtypen, die daraus hervorgegangen sind. Eine von ihnen ist die Kan-Dschunke. Im Verhältnis zu anderen Schiffsformen auf dem See, wurde diese Dschunke besonders bevorzugt. Der Chinese befuhr bestimmte Abschnitte des Sees und dann flußabwärts bis Shanghai und flußaufwärts bis Hank'ou. Aus der Provinz Chianghsi wurden hauptsächlich Tee, Reis und Papier flußaufwärts und Baumwollstoff flußabwärts befördert, aber auch Kampfer, Bohnen und Grasgewebearbeiten wurden in andere Provinzen transportiert. Teeblätter, lange Zeit die wichtigste Fracht der Kan-Dschunken, sollen anfänglich in China wegen der erfrischenden Wirkung gekaut worden sein, bevor sich der Aufguß der getrockneten Blätter durchsetzte und der Tee zu einem Hauptexportartikel Chinas wurde.

In der Literatur werden zwei in der Größe

unterschiedliche Kan-Dschunken beschrieben, deren Tragfähigkeit bei 30 bis 40 bzw. 30 bis 60 t lag. Die kleinere Dschunke war schlanker. Bei einer Länge von 13 bis 20 m hatte sie eine Breite von 2 bis 2,3 m. In beladenem Zustand hatte sie mittschiffs fast keinen Freibord und vom Ufer aus sah man nur das 3 m lange Deckshaus aus dem Wasser ragen. Die größere Kan-Dschunke hatte eine Länge von 25 bis 36,5 m. Die unterschiedlichen Baugrößen lassen eine gute Anpassungsfähigkeit an das Transportgut und die Menge vermuten und waren mit 4,6 bis 8,3 m beträchtlich breiter als die kleineren. Die Rumpfhöhe lag bei 2 m. Entladen hatte die Dschunke 1,0 bis 1,3 m Tiefgang. Dies war für das Befahren des P'oyang-Sees mit seinen Untiefen und den Wasserstandsschwankungen vorteilhaft. Dieses Fahrzeug war somit hervorragend an die dortigen Fahrwasserverhältnisse angepaßt. Gleichzeitig ermöglichte die Schiffsform das Befahren der Stromschnellen. Die Werften für die Kan-Dschunken lagen im südlichen Teil der Provinz Chianghsi. Die Kan-Dschunke zog bei Gutwetterfahrten oder ruhigen Fahrstrecken einen Sampan als Beiboot hinter sich her. Als äußeres Erkennungszeichen besaß sie einen Fockmast, der den Großmast überragte. Der Fockmast war weit vorn im engen Bug angebracht. Ursache dafür war, daß die Zollbehörden die Prüfung des Fassungsvermögens in Höhe des größten Mastes vornahmen. Hier war durch diesen Kunstgriff der Rumpfquerschnitt gering und damit die Zollgebühr niedriger. Der ungewöhnlich scharf zulaufende Bug konnte nur von besonders geschickten Dschunkenbauern gezimmert werden. In einer Legende heißt es, daß die Dschunkenbauer in früheren Zeiten eine Bittschrift an den Kaiser richteten, mit dem Antrag, die Bugform künftig verändern zu dürfen. Der Kaiser lehnte den Antrag mit den Worten ab: »Baut weiter wie bisher«. Eine Episode, die den sprichwörtlichen Konservativismus in China gut darstellt.

Charakteristisch für diesen Dschunkentyp waren vier Behältnisse an Bord, in denen allerlei Eisenteile gesammelt wurden. Diese Sammelbehälter waren über dem Dach des Deckshauses angebracht. Solch eine sichtbare Sammlung des wertvollen Eisens wurde in China als Zeichen von Wohlstand angesehen. Vielleicht ist diese Tradition heute noch lebendig. Die flach gebaute Dschunke weist einen Decksprung auf, der zum Bug geringer als zum Heck verläuft. Am Bug ragt ein Kranbalken über das Schott hinaus. Mit seiner Hilfe wird der Anker zu Wasser gelassen. Die Ankertaue sowie auch die anderen Taue sind relativ dünn. Typisch ist ebenfalls das hohe Ruderhaus mit einem abnehmbaren Dach, das man bei gutem Wetter öffnen konnte. Das Balanceruder ist der Heckform optimal angepaßt und ruht in Holzlagern. Weiter nach vorn befindet sich bis zum Fockmast ein langes Deckshaus, das durch einen Quergang vom Ruderhaus getrennt ist. Das Deckshaus besteht aus einem Bambusgerippe, das mit Matten abgedeckt ist. Außerdem hat diese Dschunke am Bug hochgezogene Bordplanken, so daß das Spritzwasser in den Stromschnellen nicht so schnell das Vordeck überspült. Zu dieser Dschunke gehören zwei Seitenriemen, die sehr lang, gekrümmt und am Griffende mit Seilen zum Deck gesichert sind. Mit einem Schwung kann der Dschunkenmann diese Riemen ins Wasser bringen.

Die Kan-Dschunke war als Reiseboot beliebt. Zur Monsunzeit konnten die aufgeweichten Wege bei Fahrten ins Landesinnere kaum genutzt werden. Eine gemietete Dschunke mit ihrem wohnlichen Deckshaus bot somit viele Vorteile für die Reisenden. Die Besatzung bestand aus etwa zehn Personen.

Nach 1930 wurde dieser Dschunkentyp immer mehr von der Dampf- und Motorschifffahrt verdrängt. Bei den jahreszeitlich schwankenden Wasserständen waren Dampfbarkassen und Schlepper wirtschaftlicher, da sie variabler einsetzbar waren und weniger Mannschaft benötigten.

Zusammenstellung von Fluß-Dschunken-Typen aus der Provinz Chianghsi (Jiangxi)*

Typen	Ladefähigkeit in Tonnen	Transportgüter Export	Import
Kan (Gan)	30– 60	Tee, Papier	Baumwollstoffe
Fu	25– 85	Porzellan	Baumwollgarn
Tiaotzu (Diaozi)	30– 55	Gewebe aus Ramie	Rohbaumwolle
Chi'an (Ji'an)	35– 70	Bohnen, Reis	Eisenwaren
Sha	35– 70	nicht erwähnt in der Lit.	
Lot'an (Luotan)	30– 60	Melonenkerne	ausländische Waren
Lin	35– 70	Indigo	ausländische Waren
Patou (Badou)	7– 50	Schnittholz	ausländische Waren
Hsiaopo (Xiaobo)	45–105	Bauholz	Salz
Shan	70–105	Bambus	Salz
T'sao (Cao)	25– 70	Kalk	Salz
Hung (Hong)	75–400	T'ung (Tong)-Öl	Salz
Ch'en (Chen)	20– 80	Feuerwerkskörper	Salz
Tiaokou (Diaogou)	75–325	Porzellan, Papier	Salz
T'ungtzuk'o (Tongzike)	30– 60	Firnis	Salz
Taopa (Daoba)	25– 40	Alaun	Salz
Hsiachiangtzu (Xiajiangzi)	15– 35	Nankingstoffe	Salz
P'ientzu (Pianzi)	7– 35	Porzellan	Tabak, Ramie
Huatzu (Huazi)	7– 30	Papier	Bambus, Drogen

* aus Audemard, L.; Worcester, G. R. G.

Die eingezogene oder Flaschenkürbis-Dschunke

Eines der sonderbarsten Fahrzeuge auf den Binnengewässern des alten China war wohl die Kualou-Dschunke, die sogenannte Flaschenkürbis-Dschunke. Sie verdankte ihre Form einem kaiserlichen Edikt. Ein Kaiser verordnete vor mehr als 500 Jahren, daß der Rumpf von Fracht-Dschunken im Bereich des größten Mastes zu vermessen sei, um den Rauminhalt und somit die Frachtmenge zu bestimmen, nach der der Zoll berechnet wurde. Dies war für gewöhnlich die breiteste Stelle des Bootsrumpfes. Um eine möglichst günstige Frachtrate zu erzielen, sind zwei Varianten bis heute überliefert. Der Bootsbauer setzte den größten Mast nach vorn in den Bug, wo das Schiff relativ schmal war, wie bei der Kan-Dschunke, oder er zog den Rumpf im Bereich des Großmastes zu einer »Wespentaille« ein. Diese kuriose Form nannte der Chinese treffend Flaschenkürbis-Dschunke.

Die kleinere Kualou-Dschunke wurde im Gebiet des P'oyang-Sees zum Transport von lokalen Produkten wie Papier, Reis, Tee und Tabak verwendet. Bei Fahrten außerhalb des Sees brachte sie als Rückfracht gewöhnlich Baumwollzeug und europäische Importwaren mit. Hauptumschlagplatz des Sees mit dem Kan als Zufluß war der Hafen Chiuchiang. Hier befand sich ein wichtiges Handelszentrum zwischen dem Ch'angchiang-System und dem Großen Kanal. 20000 bis 30000 Dschunken wurden jährlich in dieser bedeutenden Hafenstadt be- und entladen.

Die Flaschenkürbis-Dschunken waren robust und solide gezimmert. Sie hatten flache Böden, um die bereits beschriebenen Bootsschleppen passieren zu können und wurden mit Hilfe am Ufer stehender Winden über eine schiefe Ebene hinaufgezogen und zum anderen Wasserlauf hinuntergelassen. Wegen der

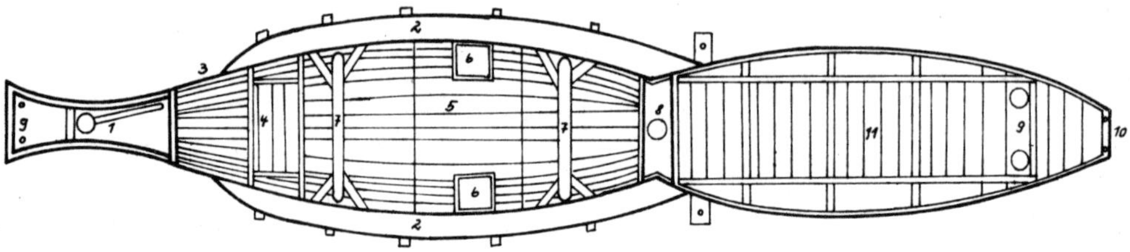

1 Ruderpinne
2 Laufplanken
3 hinteres Deckshaus
4 Quergang
5 großes Deckshaus
6 seitliche Öffnungen
7 Ablagegestell für das Großsegel
8 Großmast
9 Belegpflöcke
10 Pflöcke zur Ankertaufführung
11 Abdeckung des Laderaumes

Fig. 22 Flaschenkürbis-Dschunke

groben Zimmerung besaß dieser Dschunkentyp eine gute Festigkeit. Diese Boote hatten eine Länge von 15 bis 18 m und einen Mast etwas vor der Mitte, der ein hochrechteckiges Baumwollsegel trug. Vor dem Mast lag der Frachtraum. Genutete Schottwände untergliederten ihn in kleine Abteilungen, die für unterschiedliche Fracht genutzt werden konnten. Das Vordeck bestand in seiner überwiegenden Länge aus einer rechteckigen, großen, abgedeckten Luke, die den Zugang zu den Abteilungen ermöglichte. Vor dem Heck befand sich, meistens durch einen Freiraum vom großen Deckshaus getrennt, ein kleineres Deckshaus. Hinter dem größeren war der Ruderraum angeordnet, so daß die Pinne vom Freiraum dazwischen bedient werden konnte. Es gab auch Dschunken, bei denen der Ruderbaum durch das hintere Deckshaus verlief und der Freiraum überdacht wurde. Der Dschunkenmeister lebte mit seiner Familie an Bord und bestritt mit ihr den Großteil der anfallenden Arbeiten. Der Bereich zwischen Mast und Freiraum zum hinteren kleinen Deckshaus wurde durch ein tonnenförmiges, hölzernes, mit T'ung-Öl gefirnißtes Deckshaus eingenommen. Das für diese Region typische Deckshaus war in drei etwa gleichgroße Abteilungen untergliedert. Der letzte Bereich war nach hinten offen. Zwei Lattenrahmen über den Deckshäusern dienten als Auflageflächen für das Segel. Die Formen der Balanceruder waren variabel. Außerhalb der Bordwände waren vom hinteren Deckshaus bis zum Großmast Laufplanken angebracht.

Es gab noch eine Reihe ähnlicher Dschunkentypen, die einen Rumpf hatten, der an einen Flaschenkürbis erinnerte. Aus diesem Grunde ist es merkwürdig, daß die Zollbehörden diese Dschunkenform akzeptierten, weiß man doch, daß sie ansonsten ziemlich streng und rigoros gegen Zollsünder vorgingen. So passierte es zum Beispiel nicht selten, daß Dschunken, deren Besitzer gegen die Zollvorschriften verstoßen hatten, beschlagnahmt wurden. Die Dschunken wurden in der Mitte auseinandergesägt und am Ufer vor der Zollstation senkrecht eingegraben. Große Zeichen, auf die beiden Bodenhälften der Dschunke gemalt, verkündeten die Vergehen ihrer Besitzer zur Abschreckung für andere Besatzungen. Die eingegrabenen Dschunkenhälften sahen aus wie Grabsteine, wodurch die Mahnung wohl noch unterstrichen wurde.

Die Hangchou (Hangzhou)-Dschunke

Ein wichtiger Wasserweg in den Südostprovinzen Chinas ist der Ch'ient'ang-Fluß. Er fließt durch eines der am dichtesten besiedelten Gebiete des Landes. Der Große Kanal durchquert dessen Mündungsgebiet, so daß eine direkte Verbindung zu den mittel- und nordchinesischen Flußsystemen besteht. Die Schifffahrt auf dem Ch'ient'ang wird durch Gezeitenwechsel beeinflußt. Verbunden mit einem Tidenhub um 11 m entwickelt sich eine gewaltige Flutwelle, die in die trichterförmige Mündung des Flusses eindringt. Der eigentlich von West nach Ost fließende Fluß strömt in dieser Zeit infolge der hineindrängenden Wassermassen in umgekehrte Richtung. Am 1. und 15. jedes Monats nach dem Mondkalender, wenn sich die Sonnen- und Mondgravitation addiert, sind die Flutwellen besonders ausgeprägt. Noch höher türmt sich die Flutwelle aber zur Zeit der Sonnenwende im Sommer und Winter auf. Sie bewegt sich mit 25 bis 30 km pro Stunde flußaufwärts: ein Schauspiel, das stets viele Zuschauer anlockt. Die Flußmündung ist etwa 100 km breit. Sie verengt sich bei Kanp'u auf 15 km und bei Chak'ou auf etwa 3 km Breite.

Der Ch'ient'ang-Fluß ergießt sich südlich der Stadt Hangchou in das Ostchinesische Meer. Diese 606 u. Z. gegründete Hauptstadt der Provinz Chêchiang ist an der Flußseite durch eine 200 km lange Ufermauer vor den Wassermassen geschützt. Bereits im 10. Jahrhundert baute man Deiche und Ufermauern.

Zur Minderung der anlaufenden Flutwelle sind im Abstand von 300 m Stützmauern in elliptischer Form 12 m weit von den Ufermauern in den Fluß hinein gebaut worden. Zwischen den Stützmauern errichtete man zusätzlich Plattformen, die durch Pfahlreihen verstärkt und mit Steinen gepflastert sind. Die anrollenden Flutwellen überspülen die Plattformen. Vertäut man seine Dschunke so, daß sie bei nachlassender Flutwelle aufsetzt, so kann sie im Trocknen gewartet werden. Bei Annäherung der Flutwelle herrscht auf den Fahrzeugen rege Geschäftigkeit. Gongs ertönen, Feuerwerkskörper krachen und die Stimmen der Bootsleute werden erregter. Mit dem gesteigerten Lärm hofft der Dschunkenmann, übelwollende Geister verscheuchen zu können. Gelangt eine Dschunke beim Abreiten der Flutwelle in das strudelnde Wasser, so wird sie im Kreise herumgewirbelt. Als Zeichen der Tüchtigkeit der Boote und Besatzungen ist es wohl zu werten, daß es trotz mancher ungewollter Wildwasserfahrt nur selten zu Unfällen kommt. Hinter Haining, etwa 100 km von der Küstenlinie entfernt, türmt sich die Flutwelle zu ihrer maximalen

H Haining
K Kanp'u (Ganpu)
Han Hangchou (Hangzhou)
N Ningpo (Ningbo)
Ch Ch'ient'ang (Qiangtang)

Fig. 23 Flußmündung des Ch'ient'ang (Qiantang)

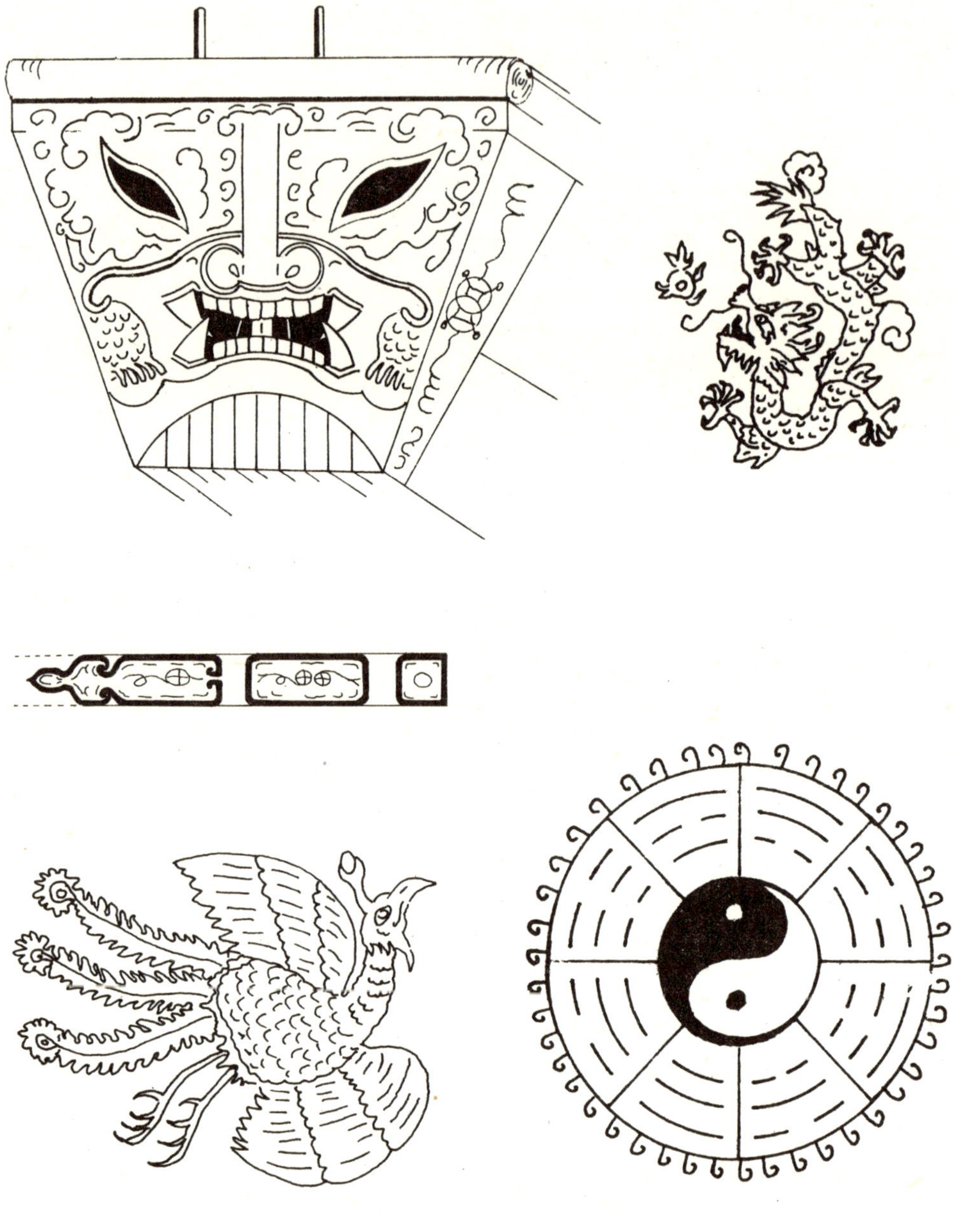

Fig. 24 Bemalung der Hangchou (Hangzhou)-Dschunke

Höhe auf. Hier, 50 km vor Hangchou, verjüngt sich die trichterförmige Flußmündung von anfänglich etwa 100 km auf 15 bis 20 km und die Geschwindigkeit der Flutwelle fällt auf weniger als 10 km pro Stunde. In der Höhe von Chak'ou läuft die Flutwelle aus.

Trotz der kontinuierlich wiederkehrenden Flutwelle befahren bis heute Dschunken den Fluß. Sie gehören zu den am schönsten bemalten im Küsten- und Flußbereich. Die Stadt Hangchou gab ihnen ihren Namen.

Die kleinsten der Fahrzeuge, die sich auf dem Fluß behaupteten, sind etwa 18 m lang. Die größeren erreichen eine Länge von 25 bis 30 m. Zwischen den Fischer- und Handels-Dschunken bestehen nur geringe Unterschiede. Die Fischer-Dschunken gehören zum kleineren zweimastigen Typ. Die größeren Handels-Dschunken besitzen drei Masten und eine Tragfähigkeit von 3000 Piculs. Das entspricht etwa 180 t. Die Händler kommen von den Häfen im Süden der Bucht. Sie befördern in der Hauptsache Brennholz, Holzkohle und Baumwolle von Chêchiang nach Shanghai. Kleinere Varianten der Handels-Dschunken aus dem Mündungsgebiet unterscheiden sich von der hier beschriebenen durch das fehlende Tigergesicht am Bug. Ihr Bug ist nur einfarbig rot bemalt. An den Rumpfseiten befinden sich rote Felder mit dem bekannten Augenmotiv.

Die Fischer mit ihren kleineren Dschunken sind am Nordufer der Bucht zu Hause. Von Chap'u aus suchen sie Fischgründe in den zahlreichen Untiefen im Bereich der Flußmündung auf. Der Fang wird in der nahegelegenen Großstadt Shanghai verkauft.

Der Rumpf der größeren Handels-Dschunken aus Hangchou besitzt 10 Querschotte ohne Rahmen. Der Boden ist flach und ohne Kiel, so daß ohne größeres Risiko in der Nähe von Untiefen und Schlammbänken gefahren werden kann. Die Querschotte und Decksbalken geben dem Rumpf die Festigkeit. Je ein Barkholz, der flache Boden, das gewölbt ausgeführte Deck und die ausgestellten tonnenförmigen Bordwände sorgen außerdem für Festigkeit. Die Rumpfseiten finden wir auch senkrecht und nach oben trapezförmig sich verbreiternd. Größere Dschunken werden mit zwei Barkhölzern auf jeder Rumpfseite ausgestattet. Das Bugschott besteht als vorderer Abschluß aus zwei Teilen, die in einem stumpfen Winkel zusammenstoßen. So kann diese Dschunke die Wellen nicht unterschneiden, sondern sie schiebt sich mit dem Bug auf die Wellen. Eine langgestreckte Luke mit Süll beginnt vor dem Deckshaus und endet zwischen dem Groß- und dem Fockmast. Vor der Luke befindet sich im Bugbereich ein waagerechtes Spill für die Anker. Zum Ankern werden eiserne Draggen ohne Flunken benutzt. Das schwere wirkungsvolle Rotholzruder ist sehr grob gebaut. Es wird durch zwei rot angemalte hölzerne Klampen gehalten und ist als Halbbalanceruder ausgeführt. Auf dem hinteren Teil der Dschunke befindet sich eine einfache Deckshütte. Sie ist aus geflochtenem Bambus, hat ein gewölbtes Dach, und ist sehr niedrig. Größere Fahrzeuge haben ein Deckshaus aus Planken und fahren oft Seitenschwerter. Das Deckshaus bzw. die Deckshütte ist in eine Kajüte und eine Kochstelle unterteilt. Der Großmast steht senkrecht und ist mehrfach mit eisernen Ringen verstärkt. Das aus Stoff gefertigte Großsegel wird gewöhnlich über 12 Segellatten gespannt. Der Fockmast ist dagegen auffallend weit nach vorn geneigt und trägt ein mit 10 Segellatten versteiftes Segel. Beide Masten sind durch je ein Knieholz von vorn gegen einen Decksbalken abgesteift. Der kleinere Besanmast läßt sich herausnehmen und wird nur bei Bedarf gefahren. Der Dschunkenbau weist noch eine Eigenart auf. Die Planken werden vom Bootsbauer außen nicht geglättet, während die Innenseiten des Rumpfes glatt sind.

Auffallend an der Hangchou-Dschunke ist ihre reiche Bemalung. Das Bugschott sowie die Rumpfseiten haben ein prächtiges Aussehen. Ein eindrucksvolles Tigergesicht mit einer plastisch aufgesetzten Nase schmückt das gesamte Bugschott. Der Tiger gilt im Volksglauben als Feind der Dämonen. Man betrachtete ihn in China als Zerstörer des bösen Einflusses. Er soll vor bösen Geistern schützen. Auf der Stirn trägt der Tiger ein Zeichen, das König (Prinz) bedeutet. Das Zeichen ähnelt einer römischen Eins mit einem kleinen Querstrich in der Mitte. Als nächstes fällt auf, daß statt augenförmiger Motive an jeder Rumpfseite zwei bis drei Yin-Yang-Symbole vorhanden sind. Alle Symbole sind mit einem Kranz von Trigrammen umgeben. Die 8 Trigramme um das Yin-Yang-Symbol hält man für Urformen der Schrift. Heute ist das Zeichen für »Wasser« in dieser Form noch auf Siegelstempeln üblich. Die Kombinationen von ganzen und unterbrochenen Linien entstammen dem Orakelwesen. Jede Dynastie besaß ihr eigenes Wahrsagebuch. Überliefert ist, daß die Anordnung der Trigramme um 1100 v. u. Z. verändert wurde.

Ursprüngliche Reihenfolge:

☰	☴	☵	☶	☷	☳	☲	☱
ch'ien	hsün	k'an	kên	k'un	chên	li	tui
(qian)	(xun)	(kan)	(gen)	(kun)	(zhen)		(dui)
Himmel	Wind	Wasser	Berg	Erde	Donner	Feuer	Dunst
Süden	Südwest	Westen	Nordwest	Norden	Nordost	Osten	Südost

Veränderte Reihenfolge:

☳	☴	☲	☷	☱	☰	☵	☶
chên	hsün	li	k'un	tui	ch'ien	k'an	kên
(zhen)	(xun)		(kun)	(dui)	(qian)	(kan)	(gen)
Donner	Wind	Feuer	Erde	Dunst	Himmel	Wasser	Berg
Osten	Südost	Süden	Südwest	Westen	Nordwest	Norden	Nordost

In beiden Reihen sind die Himmelsrichtungen verändert zugeordnet.

Am Rumpfende zu beiden Seiten des Hecks ist der Vogel fêng dargestellt. Bei der Farbgebung wurde vorwiegend Rot verwendet. Das Heckschott zeigt den Drachen als Glückssymbol und Herrscher des Meeres. Die Reling zieren Schmuckleisten mit Glückssymbolen, deren Hauptmotive sind Pflaumenblüten, Weintrauben fressende Eichhörnchen, Weise, Heilige oder der meditierende Kaiser im Pavillon. Auch Ma Tsu-p'o, die als Seegöttin der Provinz verehrt wird, findet man häufig zwischen den Darstellungen auf den Bordwänden der Dschunke. Verzückte Poeten, Schüler in Betrachtung, Philosophen, Soldaten, die acht Unsterblichen, Kurtisanen und andere Darstellungen sind weitere beliebte Motive.

Die Hangchou-Dschunke sieht nicht sehr elegant aus. Ihre reiche Bemalung jedoch hinterläßt einen nachhaltigen Eindruck. Die Farbe für die Malerei trägt der Chinese auf eine Grundierung aus Kalk und Schweineblut auf, indem er ein Bund Rohseide oder Baumwolle zum Malen verwendet. Bei feineren Malarbeiten verwendet er einen selbst hergestellten Pinsel oder trägt die mit T'ung-Öl angerührte Farbe einfach mit dem Finger auf. In den Südprovinzen grundiert der Dschunkenmann sein Fahrzeug auch mit der hellen Kalfatermasse Chunam, bevor er es bemalt.

Die Bootsbewohner

Die Bootsbewohner werden Shuishangchümin genannt, was »auf dem Wasser Wohnende« bedeutet. Die alte Bezeichnung Tanchia wird in dieser und in abgewandelten Schreibweisen auch noch angetroffen. Bootsbewohner leben an den Küsten und in den Buchten sowie auf den Flüssen in den Provinzen Kuangtung, Kuanghsi und Fuchien. Die Anzahl der in Südchina auf Booten lebenden Menschen schätzt man auf etwa eine halbe Million, wobei in mehreren Quellen für Kuangchou, früher Kanton, allein für die fünfziger Jahre 60000 genannt werden.

Der geschichtliche Ursprung der Bootsbewohner ist nicht eindeutig erkundet. Über ihre Herkunft gibt es unterschiedliche Theorien. So wird behauptet, das Bootsvolk gäbe es schon seit der T'ang-Dynastie (618 bis 907). Andere Wissenschaftler meinen, dies seien keine Chinesen, sondern eine mit den Miao und Yao verwandte Minderheit. Wieder andere behaupten, es handele sich um ein Thai-Volk oder um Reste der Urbevölkerung, um Nachkommen von Bauern, die 1279 beim Sturz der Sung-Dynastie ihr Land verloren hatten oder um Nachkommen verbannter Rebellen. Die Annahme, daß die Bootsbewohner aus der Provinz Yünnan auf den Flüssen die Küstenregionen erreichten, wird ebenfalls vertreten. Die einheimische Bevölkerung der Küstenregionen ließ die Ankömmlinge vermutlich nicht an Land, so daß sie auf dem

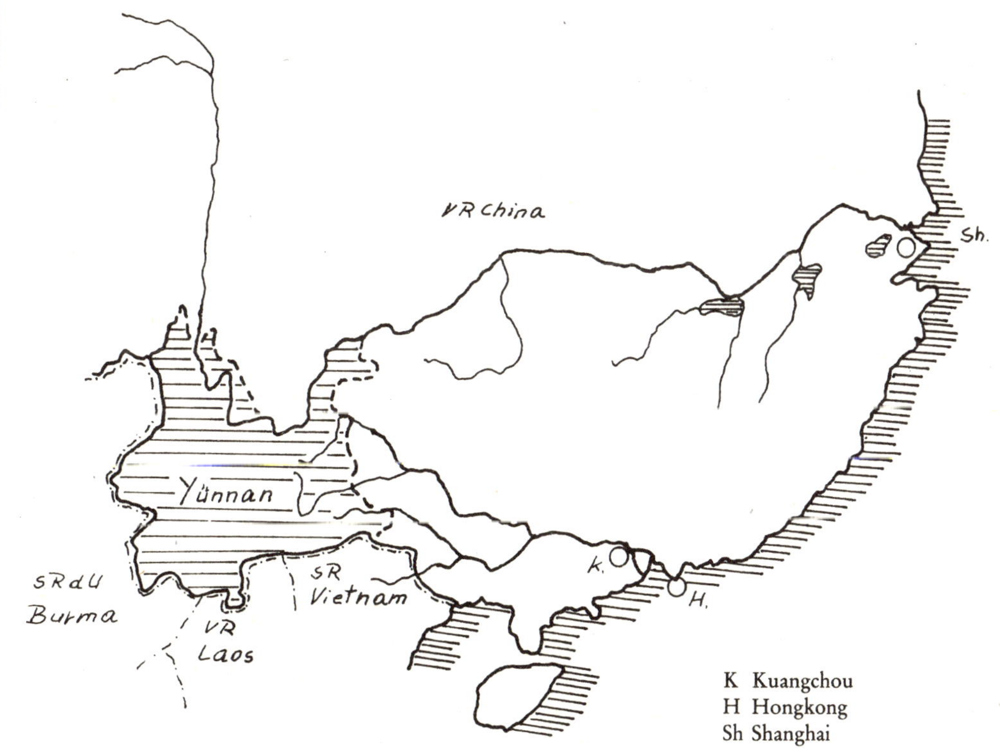

Fig. 25 Die Provinz Yünnan (Yunnan)

Wasser wohnen bleiben mußten. Die erste verbürgte Nachricht ihrer Anwesenheit in den südchinesischen Gewässern stammt aus der Sung-Dynastie. In früheren Zeiten wurden die Bootsbewohner von den Herrschern mit Demütigungen und Erniedrigungen verfolgt. Es wurde ihnen nicht erlaubt, sich mit der Landbevölkerung zu verbinden und auch nicht, ihre Toten an Land zu beerdigen. Die Toten fanden im Wasser ihre letzte Ruhestätte. Ein sehr bitteres Wort von ihnen kennzeichnete die soziale Lage der Bootsbewohner:

»Heut Fisch' wir essen
morgen sie uns fressen.«

Die Bootsbewohner unterschieden sich von der landansässigen Bevölkerung im Dialekt, im ausgeprägten eigenständigen Brauchtum und in der sozialen Struktur. Sie verwalteten ihre »schwimmenden Dörfer« in einer Art Genossenschaft. Eine Schulbildung gab es bei ihnen nicht und auch keine Möglichkeit, Handel und Handwerk an Land zu betreiben. In dieser maritimen Pariakaste übten viele das Fischereigewerbe auf See oder auf dem Fluß aus, andere übernahmen Transportarbeiten oder schmuggelten ein wenig. Ihre Armut war groß, die Lebenserwartung niedrig und die Ernährung oft unzureichend. Eines sollte jedoch nicht unerwähnt bleiben: Die von den Bootsbewohnern übernommenen Transportaufgaben wurden in guter Qualität erledigt. Da die Boote durch die Familien betrieben wurden und den Ort ständig wechselten, war es nicht möglich, die Kinder in eine Landschule zu schicken, oder es lag eine generelle Diskriminierung als nationale Minderheit vor. Der Sohn erlernte die Fertigkeiten vom Vater und übernahm das Boot. Geheiratet wurde nur innerhalb der Bootsbevölkerung, da eine Landheirat den Lebensrhythmus von Grund auf geändert hätte. Der Sohn hätte als »An-Land-Lebender« kein Boot und somit kein Arbeitsmittel geerbt. Er wäre mittllos und nicht anerkannt gewesen. Dies alles können Umstände gewesen sein, die die Distanz zwischen der Landbevölkerung und der Pariakaste förderten.

Seit den fünfziger Jahren unternahm China ernsthafte Anstrengungen, das Bootsvolk an Land anzusiedeln. Für die ehemaligen Bootsbewohner in Kuangchou wurden 15 Wohnsiedlungen mit mehrstöckigen Häusern errichtet. Damit konnten etwa 70 % des dortigen Bootsvolkes an Land ansässig werden. Diese Angabe aus dem Jahre 1966 hob hervor, daß die Familien als Anreiz zunächst eine Unterstützung in Form von Mieterlassen bzw. Umzugserleichterungen erhielten. Eine kaum vorstellbare Umstellung, wenn man bedenkt, daß ihnen bisher in mehreren Generationen von der Geburt bis zum Tod ein relativ kleines Boot als Zuhause diente. Das erarbeitete Geld reichte für die anfallenden Kaiser-, Anker- und Wassersteuern sowie Kai- und Liegegelder bei sehr eingeschränkten Lebenshaltungskosten gerade aus.

Heute erlernen viele junge Leute einen Beruf, üben Tätigkeiten an Land aus und besuchen sogar Universitäten. In den Wohnsiedlungen gibt es Grundschulen und Sozialeinrichtungen, um die Voraussetzungen für die Eingliederung dieser Volksgruppe in das an Land übliche Lebensniveau zu schaffen. Die Eltern arbeiten in den verschiedenen Zweigen der Hausindustrie und des Handwerks an Land. Die Kinder sind in neuen Kindergärten untergebracht. Der größte Teil der Boote, die von Generation zu Generation vererbt wurden, wurde zu Brennholz zerhackt und die noch brauchbaren den Volkskommunen in den Dörfern für den Düngertransport verkauft. Wer Besitzer eines Bootes bleiben wollte, brachte es in Transportgenossenschaften mit ein. Das Nordufer des Hsichiang, früher eine Art Stadt auf dem Wasser, bietet heute den Anblick einer üblichen Uferzone mit einer angemessenen Anzahl von Booten.

Die Wohnboote von Kuangchou sind trotz der unzumutbaren Armut der Besitzer stets sehr sauber gehalten worden. Sie bestanden meistens aus zwei Abteilungen, mit einer Trennwand aus Bambusmatten. Eine Kiste, die mit Sand und Lehm gefüllt war, diente als Behälter für das Herdfeuer. Der gesamte Hausrat wurde in großen und kleinen Behältern an den Wänden befestigt. Er sollte den Wohnraum nicht einengen und mußte griffbereit sein. In großen Wohnsiedlungen gab es auch verschiedentlich Unterkünfte auf Pontons, die verankert und wie die größeren Boote mit Laufplanken untereinander verbunden waren. Einige Details, wie das höhenverstellbare Dach aus Bambusstreifen, Inneneinrichtungen, geflochtene Behälter und eine Vielzahl von Bambusstangen sind auf Abbildungen immer wieder zu erkennen. Ein älteres Foto zeigt eine Bootssiedlung in Aberdeen, einem Gebiet des Stadtstaates Hongkong, mit einem Teil der Insel Aplichau. Hier liegen etwa 60 unterschiedlich große Wohnboote und im Hintergrund einige Fischer-Dschunken. Die Boote sind dicht an dicht miteinander vertäut. Man erkennt spielende Kinder, gespannte Leinen mit Wäsche und vielerlei Hausrat an den Überdachungen hängend. Diese Wohnsiedlung war typisch für die dreißiger Jahre des 20. Jahrhunderts.

Um 1950 sollen die Shuishangchümin laut Aussagen von Ethnologen im Gebiet von Hongkong (chin.: Hsiangkang) noch ansässig gewesen sein. Durch das aufblühende Fischereigewerbe änderte sich sehr schnell ihre Lebensweise. 1950 wurden die ersten beiden Fischerei-Dschunken mit Dieselmotoren ausgerüstet. Ende der fünfziger Jahre waren es 55 Dschunken, und 1965 soll die Anzahl schon 7000 betragen haben. Dies waren zwei Drittel der gesamten Fischereiflotte von Hongkong. Der Einbau von Motoren beeinflußte wesentlich die alte Bootsbautradition. Nach den traditionellen Dschunken hatten sich durch den europäischen Einfluß in diesem Gebiet Kielboote mit Steven durchgesetzt. Die Motorisierung setzte diese Entwicklung fort. Seit 1960 etwa fahren die Fischer mit stählernen Trawlern zum Fang aus, die mit Sprechfunk, Radar, Echolot u. a. m. ausgerüstet sind. Ihr Aktionsradius erweiterte sich auf etwa 1000 km.

Es ist schwer vorstellbar, daß der Ursprung der heutigen modernen asiatischen Hochseefischerei mit in den südchinesischen Bootssiedlungen zu suchen ist. Viele ehemalige Bootsbewohner paßten sich der schnellen Entwicklung an und wurden Hochseefischer.

Bemerkungen zur ostasiatischen Bootsbemalung

Die Fahrzeuge auf den Flüssen und Binnengewässern Chinas sind bis auf wenige Ausnahmen nur sparsam mit Farben oder schmükkenden Elementen versehen. Es sind Bemalungen und Schnitzereien bekannt (vgl. die Beschreibung der Hangchou-Dschunke). Der Dschunkenmann trägt, wie bereits erwähnt, die Farbe mit einem Knäuel Hanf oder Baumwolle auf. Bei feineren Linien und Figuren werden die Finger oder ein ausgefranster Bambusstab als Malinstrument benutzt. Die Farben werden meistens selbst zubereitet, indem entsprechende Farbpulver mit T'ung-Öl angerührt werden.

Wichtiger als die Zierwirkung der Bemalung ist für den Dschunkenmann der Glaube an die Schutzwirkung des Farbtones und des Motives gegen ein mögliches Unheil. Rot verwendet man zum Beispiel zum Abschrecken der bösen Geister und Dämonen. Dieser Farbton soll aber auch Glück bringen und wird deshalb oft an Bord verwendet. Farben werden ebenfalls Himmelsrichtungen, Jahreszeiten, Naturelementen und Tieren zugeordnet, die alle gewissen Vorstellungen im Volksglauben entsprechen. Die Bedeutung und Gestaltung der Motive ist nicht in allen Gebieten Chinas gleich. Die Bootsbemalungen sind nicht mit dem ausgeklügelten System der klassischen chinesischen Malerei vergleichbar, selbst wenn auch dort die bekannten Yin-Yang-Symbole oder die Trigramme verwendet werden. Die Symbolik der Bemalung entspringt einer eigenen Vorstellungswelt und ist wenig untersucht worden. Außerdem spiegeln sich die unterschiedlichen Talente der Dschunkenmänner in der Bemalung oder Gestaltung ihrer Fahrzeuge wider. So kommt es vereinzelt vor, daß man herausragende Darstellungen von talentierten Besatzungsmitgliedern vorfindet.

Verwendete Motive und Farben am Beispiel zweier Dschunken

Die Hangchou- und die Ningpo-Dschunken besitzen als besondere äußere Erkennungszeichen eine ausgeprägte Bemalung. Sie übertreffen an Motiv- und Farbenreichtum alle anderen chinesischen Wasserfahrzeuge. Ihre reichhaltige Bemalung entspricht der Vielfalt der Motive in der volkstümlichen Kunst. Das Bugschott sowie die Bordwände der Fluß-Dschunken aus Hangchou sind vorrangig mit Malereien verziert. Bei der See-Dschunke aus Ningpo konzentriert sich die Bemalung hauptsächlich auf das Heckschott, wobei hin und wieder auch die Bordwände mit benutzt werden. Der Grundtyp dieser Dschunken ist in der Provinz Fuchou beheimatet.

Der Chinese sieht in der Dschunke ein lebendes Wesen und vergleicht sie mit dem mythischen Drachenfisch Aoyü. Den aufgeworfenen Schwanz des Fisches bildet das hohe Heck und das aufgerissene Maul des Fisches ist der Bug. Dschunken, die unter vollen Segeln und mit kräftiger Bugwelle das Wasser aufwühlen, erinnern auch bei geringer Phantasie an einen märchenhaften Fisch, der das Wasser schäumend teilt. Mit den Farben Rot, Grün und Weiß werden am Bug der Rachen, die Zunge und die Zähne des aufgerissenen Maules dargestellt. Die Zähne haben die Form zweier in der Mitte zusammenlaufender schmaler Mondsicheln. Die obere Hälfte des Bugschotts ist meistens rot, unterhalb der Zahnreihe überwiegt grün. Oftmals geht dieser Farbton in den Unterwasseranstrich über. Auf den Zähnen ist eine weiße Perle dargestellt, die vom Fisch verschlungen werden soll. Die Augen des Drachenfisches befinden sich beiderseits der Bordwände am Bug der Dschunken. Mit Hilfe der Augen, so glaubt man, findet die Dschunke den richtigen Kurs. Der Pupillenfleck, die lidumgrenzte Augenöffnung und der Wimpernkranz werden hierbei in unterschiedlichen Farben und Formen dargestellt. Die Augen sind meistens geschnitzt und aufgesetzt. Die Dschunke hat eine Seele und benötigt Augen, um Gefahren zu erkennen und ihnen auszuweichen. Diese Augen sollen nicht verdeckt oder in ihrer Funktion behindert werden. Ihre magische Kraft wird durch rote Fähnchen mit oder ohne Schriftzeichen, rote Mastspitzen und rote Bänder, die böse Geister fernhalten sollen, unterstrichen. Um die Seegötter freundlich zu stimmen, verbrennen die Frauen zu besonderen Anlässen Räucherstäbchen. Ebenfalls werden an diesen Tagen Feuerwerkskörper abgefeuert. Bann- oder Segenswünsche sind das Anliegen zum Opfern von Hühnern oder allgemein von Lebensmitteln. In seinem Tagebuch hält Professor Eduard Hildebrandt während seiner Weltreise 1863 folgende Beobachtung fest:

»...Joss-Dschunke in Amoy, die vollgefüllt mit Opfergaben ohne Besatzung dem Ozean übergeben wurde, gesichtet...«

Im Nachsatz wird ergänzt, daß eine derartige Opfer-Dschunke vor Jahren, also vor 1863, auf hoher See von einem englischen Schiff angetroffen und mit nach England genommen wurde. Diese Überführung konnte von englischen Museologen bei Nachfragen 1984 nicht bestätigt werden.

In Ningpo und auch in der Umgebung zieren nicht selten Köpfe oder Knubben den Bug der Dschunken, die durch grüne Bänder zusätzlich geschmückt sind. Diese grünen »naitzu« sollen Krankheiten abwenden. Es wird, wenn die Literatur den Sachverhalt wahrheitsgetreu wiedergibt, sogar von Seeleuten berichtet, die Schiffbrüchigen aus Angst vor den Wasserdämonen Hilfe verweigerten. Man fürchtete ihre Rache und wollte ihnen die Beute deshalb nicht streitig machen. Hier ist aber Vorsicht geboten, da uns das Rettungswesen am Ch'angchiang – als Selbsthilfe der chinesischen Flußschiffer – bekannt ist.

Beide Seiten des hinteren Rumpfes der Ningpo-Dschunke ziert eine rote Schlange auf schwarzem Grund. Dieses Schlangensymbol kommt nur bei dieser Dschunke vor. Es versinnbildlicht die Ewigkeit, den Verstand, den Norden und den Winter. Die schönsten Malereien befinden sich auf der Dschunke aus Ningpo am Heck. Mit seiner elliptischen Form unterliegt es traditionell einer strengen Einteilung bei der Anordnung der Bemalung. Ganz oben im Bereich der Heckreling finden wir das Yin-Yang-Symbol in den Farben Schwarz-Weiß, Schwarz-Grün oder Schwarz-Rot. Dieses Symbol widerspiegelt das Bestreben der beiden Urkräfte Yin und Yang, zur Harmonie (Ausgleich, Gleichgewicht) zu gelangen:

Yin bedeutet	dunkel	Yang bedeutet	hell
	trübe		klar
	schattig		sonnig
	weiblich		männlich
	passiv		aktiv
	negativ		positiv
	minus		plus

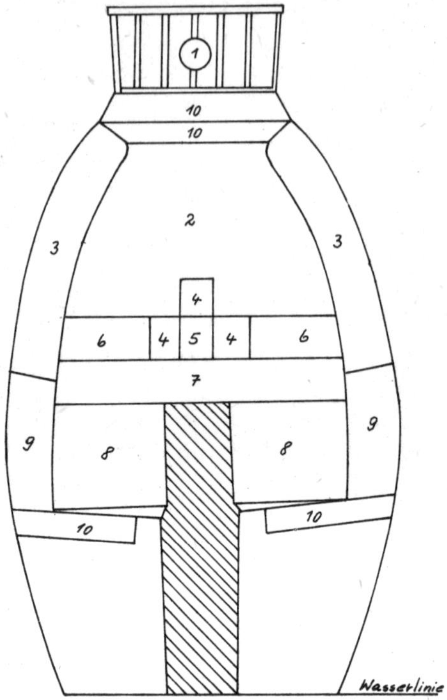

1 Yin-Yang-Symbol
2 mythischer Vogel fêng
3 niedersteigende mythische Vögel
4 symbolische Schriftzeichen
5 dreibeiniger Kessel
6 Ornamente
7 acht Unsterbliche
8 Medaillonmotive
9 beschützende Motive
10 Ornamente

Fig. 26 Heckansicht einer Ningpo (Ningbo)-Dschunke

Dabei ist im Maximum der einen Kraft schon der Keim der anderen enthalten. Am Bug der Hangchou-Dschunke sind diese Yin-Yang-Symbole umgeben von den bereits erwähnten acht Trigrammen. Zentrales Motiv und in seiner Größe herausragend im oberen Teil der Ningpo-Heckbemalung ist der sagenhafte Vogel fêng. Dieser Vogel der chinesischen Mythologie steigt aus dem Wellenschaum auf und verspricht dem Dschunkenmann ein ewiges Leben. Ist der Chinese auf See geblieben, so glaubt man ihn ebenfalls im Schutze des Vogels fêng. Nicht in heimatlicher Erde begraben zu werden, sowie von seinem ältesten Sohn kein Ahnenopfer zu erhalten, bedeutet in China Unglück. Der Vogel fêng wird in den Farben Grün, Rot und Hellblau gemalt und beinhaltet symbolisch alle Wünsche der Dschunkenbesatzungen für eine glückliche Fahrt und eine gute Heimkehr. Er ist von

Wolken umgeben, die in dem Wellenschaum entstehen und eine himmelaufsteigende Bedeutung besitzen. Auch auf den reich bestickten kostbaren Drachengewändern der Kaiserfamilie sind diese Symbole häufig verwendet worden. Das Wolkenornament bedeutete Glück. Rechts und links neben der zentralen Heckbemalung ist je ein herabfliegender Vogel dargestellt, der Träger des weiblichen Prinzips ist. Der Drachenkönig als Herrscher über alle Meere ist der Träger des männlichen Prinzips. Dadurch, daß die beiden Vögel zum Naturelement Wasser gleiten oder absteigen, bekunden sie ihre Zuneigung.

Die Tabelle zeigt die Reihenfolge der Naturelemente. Sie entsprechen den Himmelsrichtungen und den Jahreszeiten mit zugeordneten Symbolen und Farben:

Holz	Feuer	Erde	Metall	Wasser
Osten	Süden	Mitte	Westen	Norden
Frühling	Sommer	Mitte	Herbst	Winter
Drache	Vogel	Kaiser	Tiger	Schildkröte/Schlange
Grün	Rot	Gelb	Weiß	Schwarz

Der Dschunkenmann hoffte, mit dieser Darstellung den Drachenkönig gnädig zu stimmen. Das aufgewühlte Wasser, aus dem der Vogel aufsteigt, ist durch einzelne Streifen dargestellt. Es entsteht der Eindruck, daß die Wellen weiter ausgemalt wurden, um vielleicht die Tiefe des Meeres zu verdeutlichen. Die Gischt fliegt hoch auf und geht im zentralen Motiv in Wolken über. Der Felsen, an dem sich die Wellen brechen, wird durch die drei Schriftzeichen und den Kessel Ting symbolisiert. Die Schriftzeichen bedeuten 1. Gold bzw. Metall, 2. blühend, üppig, luxuriös, elegant sowie 3. Glück und gutes Vorzeichen. Die drei Beine des Kessels verkörpern einer neueren Deutung zufolge die Religionsphilosophien von Laotzu, von Konfuzius/K'ungtzu und von Buddha. Laotzu (chin.: Alter Meister) lebte im 6. Jahrhundert v.u.Z., K'ungtzu (chin.: Meister Kung) war ein jüngerer Zeitgenosse des Laotzu und lebte von 551 bis 478 v.u.Z. und Buddha (sanskr.: Der Erleuchtete) wurde etwa 550 geboren und starb um 485 v.u.Z.

Fig. 27 Yin-Yang-Symbol mit Schriftzeichen und Trigrammen

Zu beiden Seiten der Schriftzeichen befinden sich in Verlängerung der Streifen Ornamente und Blumenmotive. Unterhalb dieser Darstellung zeigt ein zweiter Fries die Pa hsien, die acht Unsterblichen, die, in die geheimen Künste eingeweiht, das ewige Leben erlangt haben. Die acht taoistischen Heiligen sind in zwei Vierergruppen angeordnet und durch ein zentrales Motiv, ein gefülltes Gefäß, an dessen Fuß eine Schlange zu erkennen ist, getrennt. Die Pa hsien stellen historische Persönlichkeiten dar. In China steigen die Götter nicht zur Erde herab. Hochgeachtete irdische Persönlichkeiten werden nach ihrem Tode zu Göttern ernannt. Außer den hier genannten acht Unsterblichen kennt der Taoismus noch viele andere. Sie waren meistens Anhänger oder sogar Magier des Tao. Die Unsterblichen werden durch bestimmte Attribute gekennzeichnet, von denen einige nachfolgend aufgeführt sind:

Name	Personenbeschreibung	Attribute
1. Li T'ieh-kuai (Li Tie-guai)	Körper eines häßlichen lahmen Bettlers	eiserne Krücke und Arzneibeutel bzw. Kürbisflasche, daraus aufsteigende Wolken, Geister oder Fledermäuse
2. Chung-li Ch'üan (Zhong-li Quan) oder Han Chung-li (Han Zhong-li)	Krieger, Bettler, Priester, Einsiedler	Fächer, um Tote aufzuwecken, Schwert zum Übers-Wasser-Fahren, Pfirsich
3. Lan Ts'ai-ho (Lan Cai-he)	Geschlecht fraglich, Blumenfrau?	Hacke, Blumenkorb, schleppt Geld am Strick hinter sich her, hat nur einen Schuh an
4. Chang Kuo-lao (Zhang Guo-lao)	hundertjähriger Greis	Bambusstöcke (Musikinstrument), weißes Maultier zum Zusammenfalten, aufbewahrt in Kürbisflasche, Phönixfeder
5. Ho Hsian-ku (He Xian-gu)	»einzige« Frau unter den 8 Unsterblichen*	Lotosblüte, Mundorgel, Pfirsich
6. Lü Tung-pin (Lü Dong-bin)	Edelmann, Gelehrter, Krieger Abstinenzler	teufeltötender Säbel, Fliegenwedel zum Wolkenwegwischen, kann auf Wolken gehen
7. Han Hsiang-tzu (Han Xiang-zi)	Daoist, Gelehrter, Neffe oder Enkel von Han Yü (Han Yu)	Blumenkorb, Jadeflöte
8. Ts'ao Kuo-ch'iu (Cao Guo-qiu)	Beamter, Gelehrter, mit dem Sung (Song)-Kaiserhaus verwandt, Einsiedler	Schlaghölzer (Kastagnetten), auch als Audienztafel, Beamten-Flügelhut

* Unterhalb der acht Unsterblichen erkennen wir an beiden Seiten des Ruderschachtes jeweils ein Medaillon. Die Pflanzen besitzen ähnlich den Tierdarstellungen einen symbolischen Charakter. Im folgenden eine Zusammenstellung nach R. Schwarzer:

Darstellung	symbolisiert	Aussprache
Wachtel	Frieden	an
Schmetterling	hohes Alter	tieh (die)
Fledermaus	Reichtum, Glück	fu
Hibiscus	Reichtum, Glück	fu
Kassia	Ansehen, Ehre	kuei (gui)
Schachtel, Schale	Frieden	ho (he)
Lotos	Frieden	ho (he)

Darstellung	symbolisiert	Aussprache
Chrysantheme	wohnen	chü (ju)
Lotos	vereinigen	lien (lian)
Hirsch	hohes Gehalt	lu
Reiher	Reise, Weg	lu
Katze	hohes Alter	mao
Pflaumenblüte	Schönheit	mei
Pflaumenblüte	jederzeit	mei
Vase	Frieden	p'ing (ping)
Fisch	Überfluß	yü (yu)
Bambus	Segen	chu (zhu)

Weiterhin bedeuten die drei Freunde der kalten Jahreszeit (Pflaumenblüte, Kiefer, Bambus) Beständigkeit. Die Kiefer und der Kranich versinnbildlichen Unsterblichkeit, ebenso der Pfirsich, der Pilz, der Bambus, der Hirsch und der weißköpfige Star. Mandarinenenten und Lotos sind Symbole für Eheglück; Pflaumenblüte und Elster für Freude jederzeit; Granatapfel, Lotoskapsel, Melone und Kürbis stehen wegen der vielen Kerne für Kindersegen.

Beliebt sind auch Kombinationen dieser Symbole, wie Schmetterling und Katze; Hibiscus (Eibisch) und Kassia (Zimtbaum); eine Vase mit Lotos; eine Schale mit Granatäpfeln oder eine Chrysantheme mit einer Wachtel.

Zu den Tierdarstellungen in den Medaillons gehört wiederum der Drache. Er ist wahrscheinlich das älteste Motiv in China. Im Gegensatz zum europäischen Drachen hat er in China eine gutartige Bedeutung. Er verkörpert in einem Land, in dem der Ackerbau immer die vorrangige Rolle spielte, die Fruchtbarkeit, die Feuchtigkeit und den Regen. Der Tiger im unteren Teil des Hecks symbolisiert die Kraft, den Herbst und den Westen, sowie die Eigenschaften, die bereits bei der Bemalung der Hangchou-Dschunke beschrieben wurden. Den unteren Abschluß der gesamten Heckbemalung bilden florale oder geometrische Ornamente zu beiden Seiten des Ruderschachtes.

Anhang

Chinesische Längenmaße

1	li	(Meile)	= 576 m	= 18 yin
1	yin	(Ausdehnung)	= 32 m	= 10 chang (zhang)
1	chang (zhang)		= 3,2 m	= 2 pu (bu)
1	pu (bu)	(Schritt)	= 1,6 m	= 5 ch'ih (chi)
1	ch'ih (chi)	(Fuß)	= 32 cm	= 10 ts'un (cun)
1	ts'un (cun)	(Zoll)	= 3,2 cm	= 10 fên (fen)
1	fên (fen)	(Teil)	= 3,2 mm	= 10 li
1	li		= 0,32 mm	= 10 hao
1	hao	(Haar, Pinselspitze)	= 0,032 mm	

Chinesische Flächenmaße

1	fang li	(Quadratmeile)	= 33,1776 ha	= 540 mu
1	ts'ing (qing)		= 6,144 ha	= 100 mu
1	mu		= 6,144 a	= 10 fên (fen)
1	fên (fen)	(Teil)	= 61,44 m²	= 6 fang chang (fang zhang) = 10 li
1	fang chang (fang zhang)	(Quadrat-Zhang)	= 10,24 m²	= 4 fang pu (fang bu)
1	li		= 6,144 m²	= 10 hao
1	fang pu (fang bu)	(Quadratschritt)	= 2,56 m²	= 25 fang ch'ih (fang chi)
1	hao	(Haar, Pinselspitze)	= 0,6144 m²	= 6 fang ch'ih (fang chi)
1	fang ch'ih (fang chi)	(Quadratfuß)	= 0,1024 m²	

Chinesische Hohlmaße

1	yin	(Ausdehnung)	= 207,094 l	= 2 tan (dan)
1	tan (dan)	(Stein, »Picul«)	= 103,547 l	= 2 hu
1	hu		= 51,7735 l	= 5 tou (dou)
1	tou (dou)	(Scheffel, Einer)	= 10,355 l	= 10 shêng (sheng)
1	shêng (sheng)		= 1,0355 l	= 10 ko (ge)
1	ko (ge)		= 0,10355 l	= 10 shao
1	shao	(Löffel)	= 0,010355 l	

Chinesische Gewichte

1	yin	(Ausdehnung)	= 119,36 kg	= 2 tan (dan)
1	tan (dan)	(Traglast, »Picul«)	= 59,68 kg	= 100 chin (jin)
1	chin (jin)	(chin. Pfund)	= 596,8 g	= 16 liang
1	liang	(Unze, »Tael«)	= 37,3 g	= 10 ch'ien (qian)
1	ch'ien (qian)	(Münze)	= 3,73 g	= 10 fên (fen)
1	fên (fen)	(Teil)	= 373 mg	= 10 li
1	li		= 37,3 mg	= 10 hao
1	hao	(Haar, Pinselspitze)	= 3,73 mg	= 10 ssŭ (si)
1	ssŭ (si)	(Seidenfädchen)	= 0,373 mg	

Chinesische Transkription

Alle chinesischen Namen und Begriffe werden in der englischen Umschrift von Wade/Giles wiedergegeben, die auch in den wissenschaftlichen Bibliotheken der DDR verbindlich ist. Daneben steht jeweils in Klammern die neue amtliche Umschrift der VR China.

Wade/Giles	neue amtliche Umschrift	gesprochen
ch	zh	dsch
ch'	ch	tsch
ch (i, ü)	j (i, u)	dj
ch' (i, ü)	q (i, u)	tj
h	h	ach-Laut
hs (i, ü)	x (i, u)	ich-Laut
j	r	engl. l
k	g	g
k'	k	k
p	b	b
p'	p	p
sh	sh	sch
t	d	d
t'	t	t
ts	z	ds
ts'	c	ts
tzû	zi	dsê
y	y	j
ê	e	ö
ei	ei	e-i
ieh	ie	iä
ien	ian	iän
ui	ui	u-e-i
ung	ong	ung

Verwendete chinesische Namen und Begriffe in der englischen Umschrift von Wade/Giles, der neuen amtlichen Umschrift der VR China und das entsprechende deutsche Sachwort:

Wade/Giles	neue amtl. Umschrift	dt. Sachwort
Aoyu	Aoyu	Drachenfisch
Buddha	Buddha	Philosoph
Chak'ou	Zhakou	Stadt
Ch'angchiang	Changjiang	Fluß
Chêchiang	Zhejiang	Provinz
Chianghsi	Jiangxi	Provinz
Chialing	Jialing	Fluß
Ch'ient'ang	Qiantang	Fluß
Ch'in	Qin	König
Ch'ingshui	Qingshui	Fluß
Chunam	Chunam	Kitt
Ch'ungch'ing	Chongqing	Stadt
Chiuchiang	Jiujiang	Dschunke
Ch'üt'ang	Qutang	Schlucht
Ch'ü Yüan	Qu Yuan	Minister
Fan Yü	Fan Yu	Sagenheld
Feihsieh	Feixien	Dschunke
fêng	feng	Vogel
Fuchien	Fujian	Provinz
Fuling	Fuling	Stadt

Wade/Giles	neue amtl. Umschrift	dt. Sachwort
Han	Han	Fluß/ Volksgruppe
Hangchou	Hangzhou	Dschunke/Stadt
Hank'ou	Hankou	Dschunke/Stadt
Hsichiang	Xijiang	Fluß
Hsiling	Xiling	Schlucht
Hsien ch'üan	Xian quan	Gehilfe
Hua Ti	Hua Di	Sagenheld
Hunan	Hunan	Provinz
Hungch'uan	Hongchuan	Rotes Boot
Hungch'un	Hongchun	Hartholz
Hupei	Hubei	Provinz
Ich'anghuatzu	Yichanghuazi	Sampan
Ich'ang	Yichang	Stadt
Ichangpo	Yichangbo	Leichter
Kan	Gan	Dschunke/Fluß
Kanp'u	Ganpu	Stadt
Kanchiang	Ganjiang	Fluß
Kuanyin	Guanyin	Philosoph
Kuanghua	Guanghua	Stadt
Kuangtung	Guangdong	Provinz
Kualou	Gualou	Dschunke
Kuanghsi	Guangxi	Provinz
Kueichou	Guizhou	Provinz
Kueilin	Guilin	Stadt
Kung Ku	Gong Gu	Sagenheld
Kungt'anho	Gongtanhe	Fluß
Lachuanch'iu	Lachuaqiu	Dschunke
Laohok'ouch'-iutzu	Laohekouqiuzi	Dschunke
Laohok'ou	Laohekou	Stadt
Laota	Laoda	Dschunkenmeister
Laotzu	Laozi	Philosoph
Li T'ai-po	Li Tai-bo	Poet
Luchou	Luzhou	Stadt
Lungch'uan	Longchuan	Drachenboot
Lingch'ü	Lingqu	Kanal
Loyang	Luoyang	Stadt
Lu Pan	Lu Ban	Zimmermann
Mayangtzu	Mayangzi	Dschunke
Mayangk'uatzu	Mayangkuazi	Dschunke
Mayangpankan	Mayangbagan	Dschunke
Miao	Miao	Volksgruppe
Ma Tsu-p'o	Ma Zu-po	Göttin
Milo	Miluo	Fluß
Motzu	Mozi	Philosoph

Wade/Giles	neue amtl. Umschrift	dt. Sachwort
Ningpo	Ningbo	Dschunke/Stadt
Pa	Ba	Fluß
Pahsien	Baxian	Unsterbliche
Paimu	Baimu	Dschunke
P'aoch'uan	Paochuan	Polizei-Dschunke
Peking	Beijing	Stadt
Pingchiang	Pingjiang	Fluß
Pingchiang-tiaokoutzu	Pingjiang-diaogouzi	Dschunke
P'oyang	Poyang	See
Shashih	Shashi	Stadt
Shanghai	Shanghai	Stadt
Shouk'ou-mayangtzu	Shoukou-mayangzi	Dschunke
Shuipaochia	Shuibaojia	Wasserschutz-wache
Shuishang-chümin	Shuishang-jumin	Bootsvolk
Suning	Suining	Fluß
Szech'uan	Sichuan	Provinz
Tanchia	Danjia	Bootsvolk
Taoismus	Daoismus	Philosophie
Tiaokoutzu	Diaogouzi	Angelhaken
Thai	Thai	Volksgruppe
T'ienchin	Tianjin	Stadt
T'ung	Tong	Öl
Tungt'ing	Dongting	See
Wang Chien	Wang Jian	Poet
Wanhsien	Wanxian	Stadt
Waip'iku	Waipigu	Dschunke
Wuchiangtzu	Wujiangzi	Dschunke
Wupan	Wuban	Boot
Wu	Wu	Schlucht
Wuhan	Wuhan	Stadt
Yao	Yao	Volksgruppe
Yashao	Yashao	Dschunke
Yenkuan	Yanguan	Stadt
Yin-Yang	Yin-Yang	Symbol
Yüan	Yuan	Fluß
Yülu	Yulu	Wriggriemen
Yühsu	Yuxu	Höhle
Yünnan	Yunnan	Provinz

Literaturverzeichnis

Aijmer, G.: *The Dragon Boat Festival in Hunan and Hupei, China.* Stockholm 1964

Audemard, L.: *Les Jonques Chinoises.* In: Ornamentation et Types, Heft 3, Rotterdam 1960

Audemard L.: *Description des Jonques*, Heft 4, Rotterdam 1962

Bettin, L. u. M. Liebermann.: *Die Jadegöttin.* Berlin, Weimar 1977

Böttger, W.: *Chinesische Drachengewänder.* In: Mitteilungen aus dem Museum für Völkerkunde zu Leipzig, Heft 37, 1972

Böttger, W.: *Kultur im alten China.* Leipzig, Jena, Berlin 1977

Brennecke, J.: *Geschichte der Schiffahrt.* Künzelsau, Thalwil, Salzburg, Antwerpen 1981

Canby, C.: *Geschichte der Schiffahrt.* Lausanne 1962

Das Drachenboot bei den Miao. In: Ztschr. China im Bild (1983) 6

Donath, A.: *Drachenboote und Dschunkensegel.* Gütersloh 1960

Donelly, L. A.: *Chines Junks an Other Native Craft.* Shanghai 1924

Erdberg, C.: *Kunst und Religion in Indien, China und Japan.* Köln 1965

Finlayson, G.: *Die Gesandschaftsreisen nach Siam und Hué in den Jahren 1821 bis 1822.* Weimar 1827

Guo Yizong *Über die traditionelle chinesische Malerei.* In: China im Aufbau 6 (1983) 3

Hentze, C.: *Mythologische Bildsymbole im alten China.* In: Ztschr. Studium Generale 6 (1953) 5, 264–277

Höver, O.: *Alt-Asiaten unter Segel.* Braunschweig 1961

Kemp, P.: *The Oxford Companion to Ships & the Sea.* London, New York, Melbourne 1976

Kiesling, G.: *China.* Berlin 1957

Koenig, O.: *Urmotiv Auge.* München 1975

Landström, B.: *Das Schiff.* Gütersloh 1973

Liu, J.: *Chinas's Largest River.* Beijing 1985

Mannweiler, H.: *Einige Bemerkungen über chinesische Dschunken.* In: Ztschr. Das Logbuch 15 (1979) 4, 123–124

Mertes, H.; Hollander, N.: *Solange sie noch segeln.* Berlin 1982

Spencer, J. E.: *Junks of Central China.* London 1976

Schwarz, E.: *Die Gezeiten Hangdschous.* In: Ztschr. Die Weltbühne 77 (1982) 52, 1656–1660

Villiers, A.: *De Zee.* Washington 1962

Violet, R.: *Einführung in die Kunst Chinas.* Leipzig 1981

Winogradowa, N.; Nikolajewa, N.: *Kunst des Fernen Ostens.* Dresden 1981

Worcester, G. R. G.: *Sail and Sweep in China.* London 1966

Worcester, G. R. G.: *Six craft of Kwangtung.* In: Ztschr. Mariner's Mirror (1959) XIV, 130

Worcester, G. R. G.: *The Floating Population of China.* Hong Hong 1970

Zauberhaftes Guilin. Peking 1985

Bemerkungen zu den Rissen der Hangchou-Dschunke

Da kein originales Schiff oder detailgetreues maßstabgerechtes Modell zur Verfügung stand, wurden die Risse für den Modellbauer aus vorhandenen Zeichnungen und Abbildungen rekonstruiert. Die in der Literatur erwähnten Hangchou-Dschunken weisen in einigen Details erhebliche Unterschiede auf.

So kann z. B. das Deckshaus über die ganze Schiffsbreite reichen oder aber schmaler als das Schiff sein, so daß ein Laufgang für den Rudergänger an einer Seite bleibt.

Manchmal steht hinter dem Deckshaus noch eine Hütte, die aus zwei bis drei mit Matten bedeckten Rahmen besteht. Der Rumpf hat die Form einer Tonne. Er kann jedoch auch trapezförmige Querschotte besitzen.

Bei einigen Dschunken ist die Hauptluke zwischen Großmast und Spill durchgehend, bei anderen unterteilt.

Es kommen runde und trapezförmige Heckspiegel vor. Das Heck kann auch eingezogen gestaltet sein.

Die Formen des Ruderblattes sind variabel.

Der Besanmast kann nach steuerbord versetzt oder auch nur angedeutet sein.

Bei einigen Dschunken sind die Segel mit Falls ausgerüstet, bei anderen werden sie auf einem Gerüst oberhalb des Decks abgelegt. Die Befestigung der Masten im Rumpf ist bei keiner der Bildvorlagen eindeutig erkennbar.

Abbildungen

Abb. 1 Im Hafen rudert die ganze Familie mit. Gut zu erkennen sind die zusammengesetzten Riemen und die Seilschlinge an Stelle der Dollen
(Foto: G. Kiesling, 1956)

Abb. 2 Bei den Booten der Kormoranfischer stehen die Frauen oft an den Riemen.
Hangchou
(Foto: G. Kiesling, 1956)

Abb. 3 Wriggen im Hafen. Die Tauverbindung vom Riemengriff zum Rumpf ist gut erkennbar (Foto: O. Lübeck, um 1910)

Abb. 4 Zur Reparatur aufgebockte Dschunke, um 1930 (aus Spencer)

Abb. 5 Fracht-Dschunken mit seitlichen Laufplanken aus Bambus
(Foto: O. Lübeck, um 1910)

Abb. 6 Dampfer und Sampane als Fähren für den Personenverkehr
(Foto: O. Lübeck, um 1915)

Abb. 7 Mit langen Bambusstangen reichen Kleinhändler von ihren Booten aus Waren zu einem großen Dampfer hinauf
(Foto: O. Lübeck, um 1910)

Abb. 8 Kleinhandel von einer Mayangtzu (Mayangzi)-Dschunke bei Hangchou (Hangzhou) (Foto: G. Kiesling, 1956)

Abb. 9 Befestigung der Schlepptrosse beim Treideln einer Mayangtzu (Mayangzi)-Dschunke (aus Audemard, Les Jonques Chinoses)

Abb. 10 Familienleben im Steuerhaus. Im Hintergrund die Schiebetür zur Schlafkammer (Foto: G. Kiesling, 1956)

Abb. 11 Kinder am Perlfluß. Die Schwimmhölzer auf dem Rücken sollen sie vor dem Ertrinken bewahren (Foto: G. Kiesling, 1956)

Abb. 12 Für den Brückenbau umgerüstete Shouk'oumayangtzu (Shoukoumayangzi)-Dschunken auf dem Ch'angchiang (Changjiang) bei Hank'ou (Hankou)
(Foto: G. Kiesling, 1956)

Abb. 13 Polizei-Dschunke auf dem Ch'angchiang (Changjiang) Anfang 19. Jahrhundert (aus Audemard, Les Jounques Chinoses)

Abb. 14 Dschunke mit dem verwundenen Heck in den Schluchten des Ch'angchiang (Changjiang)
(aus Audemard, Les Jounques Chinoses)

Abb. 15 Flutwelle des Ch'ient'ang (Qiantang) in der Nähe von Hangchou (Hangzhou) 1927
(aus National Geographic Magazine)

Abb. 16 Tigergesicht am Bug einer Hangchou (Hangzhou)-Dschunke um 1940
(aus Worcester, Sail and Sweep)

Abb. 17 Wohnboote und Sampane
(Foto: O. Lübeck, um 1912)

Abb. 18 Alltag auf den Booten der Bootsbewohner
(Foto: G. Kiesling, 1956)

Abb. 19 Modell einer Fouchou (Fouzhou)-Dschunke.
Die zusätzliche Halterung des Ruderblattes durch ein zum Bugspill verlaufendes Tau ist gut zu erkennen.
(Museum für Völkerkunde, Leipzig)

Abb. 20 Bug einer Dschunke mit Augenmotiv. Die Zettel und Fähnchen sind Glückssymbole (aus National Geographic Magazine)